図解で早わかり
債権回収の法律と実務

弁護士 **奈良 恒則** 監修

本書の3大特色

回収方法や債権管理の
基本事項がわかる

担保、訴訟、保全・執行の
ことがわかる

回収実務に不可欠な
経理実務の基本がわかる

三修社

　　　　本書に関するお問い合わせについて
　　本書の内容に関するお問い合わせは、小社あてに郵便・
　ファックス・メールでお願いします。
　　なお、執筆者多忙により、回答に1週間から10日程度
　を要する場合があります。あらかじめご了承ください。

はじめに

　企業の多くは、他の企業等との間で商品などの大量の取引を行い、この取引の連続によってわが国の経済活動が支えられています。そのため、売掛金等を扱う企業にとって、取引の相手方から確実に債権を回収することは、非常に重要になっています。なぜなら、売掛金債権は、一般に高額に上ることが通常で、確実にこれらの債権を回収することができなければ、会社の損益に対して、多大な影響を与え、会社の存続を危うくするおそれさえあるためです。従来は、相手方が任意に債権の支払いに応じない場合には、継続的な催促や内容証明郵便を送付することなどがおもな債権回収の手段でした。しかし、今日では、内容証明郵便などによって督促状を送付することで問題が解決するような場合は少なくなってきています。そのため、債権者としては、より強力な手段を知っておく必要があるわけです。

　公正証書の作成や、根抵当権などの担保権の取得も大切ですが、最終的には訴訟によって判決を得て、強制執行することによって、債権を回収することも想定しておかなければなりません。そのため、債権管理者は、回収が困難な場合に、提起可能な訴訟や保全・執行方法などの手続きについて、正確に理解しておく必要があるわけです。

　本書は、請求の仕方から担保・保証、相殺、債権譲渡などの債権管理の基本事項はもちろんのこと、訴訟や仮差押、仮処分、強制執行などの法的手段についても、わかりやすく解説しています。

　さらに、取引先の倒産への対策や手形をめぐる法律問題、債権の管理、貸倒引当金の処理、債務免除等を行った場合の税務などについても解説しています。

　本書を通じて、企業の債権回収に携わる方々にとって、お役にたてれば幸いです。

　　　　　　　　　　　　　　　　　　　監修者　弁護士　奈良　恒則

CONTENTS

目次

PART 1　債権管理の基本

1　債権の種類	10
2　売掛金回収のポイント	14
3　回収計画の立て方	16
4　回収がうまくいかない理由	18
5　社内の回収システムの確立方法	22
6　与信管理規程の作成	24
7　代金回収の手順	26
8　内容証明郵便	28
9　債権の請求と債務者の承諾	32
Column　念書や支払計画書の取り方	34

PART 2　債権を強くする方法

1　契約書の作成方法	36
2　トラブルになりやすい条項	40
3　金銭消費貸借契約	44
4　貸金業法	46
5　深夜・早朝の取立て方法	48
6　信用調査機関の調査の利用法	50
7　サービサーの活用方法	54
8　危険な兆候の見分け方	56
9　商業登記の見方	58
10　不動産登記の見方	60
11　貸借対照表の見方	62

12	損益計算書の見方	64
13	公正証書	66
Column	準消費貸借に切り替えると時効期間を延長できる	70

PART 3　手形や担保・保証の法律知識

1	手形取引の基本	72
2	手形債権のジャンプ	76
3	不渡り	78
4	担保	82
5	保証契約	86
6	抵当権	88
7	根抵当権	90
8	その他の担保	92
9	譲渡担保	96
10	仮登記担保や代物弁済	98
11	債権譲渡による債権回収	100
12	相殺による債権回収	102
13	その他回収・管理のための注意点	104
Column	代理受領と振込指定	106

PART 4　法的手段と手続き

1	債務者の態度に応じた回収方法	108
2	訴訟手続き	110
3	訴状と答弁書	112

4	当事者の欠席	116
5	少額訴訟	118
6	少額訴訟の審理	122
7	訴状の書き方	124
8	答弁書の書き方	126
9	手形訴訟・小切手訴訟	128
10	手形訴訟・小切手訴訟の訴状の書き方	130
11	支払督促の申立て	132
12	支払督促申立書の書き方	136
13	民事調停・特定調停	138
Column	債権法の改正	140

PART 5　民事執行の手続き

1	強制執行	142
2	強制執行をするための書類	146
3	強制執行と執行文	148
4	財産開示手続き	150
5	不動産執行	152
6	不動産競売手続きの全体像	154
7	入札から代金納付・売却まで	156
8	担保権の実行としての不動産競売	158
9	動産の強制執行	162
10	任意売却	164
11	債権差押え	168

12	差押禁止債権	170
13	転付命令	172
14	差押債権からの回収	174
15	回収のための具体的手続き	176
Column	少額訴訟債権執行とはどんな制度なのか	178

PART 6　民事保全の手続き

1	保全手続き	180
2	仮差押	182
3	仮処分	184
4	申立先と申請手続き	186
5	保全命令の申立て	188
6	担保制度	190
7	登記の方法による不動産仮差押	192
8	債権仮差押の執行	194
9	その他の執行手続き	196
10	不動産の処分禁止仮処分の執行	198
11	その他の仮処分の執行	200
12	担保の取戻し	202
Column	解放金への権利行使	204

PART 7　取引先の倒産と対策

| 1 | 危ない債務者の兆候 | 206 |
| 2 | 取引先の倒産寸前にとるべき手段 | 208 |

3　倒産制度	210
4　任意整理	212
5　破産	214
6　別除権・取戻権	218
7　相殺権	220
8　否認権	222
9　民事再生手続き	224
Column　解散・清算と債権回収	228

PART 8　債権回収をめぐる日常の経理事務

1　売掛金や手形・小切手の管理①	230
2　売掛金や手形・小切手の管理②	234
3　法人税との関係	236
4　取引先の倒産などで回収できなくなった場合の経理処理①	240
5　取引先の倒産などで回収できなくなった場合の経理処理②	242
6　貸倒引当金①	246
7　貸倒引当金②	250

索引　254

PART 1

債権管理の基本

PART1 1 債権管理の基本

債権の種類

債権は金銭の支払いに限らない

■ 債権とはどのようなものか

　たとえば、「ＸがＹ時計店から、時計を買う約束をした」としましょう。このことは法律的にいうと、どんなことなのでしょうか。この場合、ＸにはＹ時計店に対して、代金を支払う義務と、時計を渡してくれるように請求する権利が発生します。逆に、Ｙ時計店にはＸに対して、時計を渡す義務と、代金を支払うように請求する権利が発生します。

　このように、「ある人が、ある人に対して、特定の行為ないし給付（この例でいえば、時計の引渡しや、代金の支払い）を請求できる権利」を債権と呼び、逆に「特定の行為をしなければならない義務」を債務と呼びます。この場合、債権を持っている当事者を債権者、債務を持っている当事者を債務者といいます。

■ お互いに債権と債務をもつ

　ただし、ここで注意したいのは、上の例では、ＸもＹ時計店も、債権と債務を持っている、ということです。両者とも債権者であって、債務者でもあるわけです。こういうときは、「どの給付についての債権者（または、債務者）なのか」を明らかにすることが大切です。たとえば、「時計の引渡し」については、Ｘが債権者でＹ時計店が債務者になります。逆に、「代金の支払い」については、Ｙが債権者でＸが債務者になる、というわけです。

与える債務となす債務

債務は、物の引渡しを内容とする与える債務とそれ以外の一定の行為を内容とするなす債務に分けられる。

債権の特徴

債権
金銭債権(借金)には限らない。契約に基づく請求権は債権

- **基本的に平等である**
  ・抵当権や根抵当権などの担保や保証などがつけば優先される
- **内容は自由に決められる**
  ・実現可能なものであること
  ・違法なもの(公序良俗違反)でないこと

■ 債務者の行為が必要

ある人がある人に対して何らかの債権を持っているといっても、その債権の内容を実現するには、債務者の行為が必要になります。たとえば、前述した例で、Xが代金を先払いしたとしましょう。その場合でも、XはY時計店へ行って、「もう代金は支払ったのだから、この時計はもらって行くよ」といって、勝手にとってくるわけにはいきません。少なくとも、Y時計店の了解は必要です。了解もなく持ってきてしまうと、窃盗罪、場合によって恐喝罪・強盗罪にもなりかねません。

■ 債務者が履行しない場合の手段

債権の中心的な効力は、債務者に対して債権の内容とする行為(給付)を請求できるということです。債務者が、債権の内容に応じた給付をすることを、債務の履行または弁済といいます。債権者が請求しても、債務者が素直に応じない場合、債権者が訴訟を起こし、その主張が正当であれば「債務者は債務を履行せよ」という趣旨の判決がもらえます。判決があっても、なお債務者が応じない場合には、債権者はさらに判決に基づい

て、国家の力で、債権の内容を実現してもらえます。これを強制執行といいます。

　もっとも、債権回収の手段として常に訴訟が適当とは限りません。債権者が行うことができる内容証明郵便、支払督促といったさまざまな手段もあります。強制執行は万能の手段というわけではありません。強制執行を行うためには、債務者が不動産や債権などの財産を保有していなければならず、債務者にめぼしい財産がないような場合には、訴訟で勝訴しても強制執行により債権を回収することはほとんどできないと考えておく必要があるでしょう。

> **強制執行**
> 142ページ参照。
>
> **内容証明郵便**
> 28ページ参照。
>
> **支払督促**
> 132ページ参照。

■ 債権の目的はいろいろある

　債権を回収するには、まず債務者に対して請求しなければなりません。債務者が請求に任意に応じてくれれば、これに越したことはないのですが、そうではない場合には、最終的には国家の助力、つまり裁判所の手を借りることになります。

　ただし、債権の目的である債務者の行為、つまり給付の内容は、さまざまです。基本的には当事者のとりきめで、どうとでも決められますが、最も多いのは、「○○円支払え」というようなお金の支払い（金銭債権）です。その他に、「○○の土地を明け渡せ」というような物の引渡し（不動産なら明渡し）もあります。

■ 債権の中心は金銭債権

　債権の目的は、当事者のとりきめに応じてさまざまです。ごく普通の日常の買い物や、お金の貸し借りから、雇用契約に基づく「○時から○時まで働け」というようなものまで、千差万別です。

　しかし、交通事故などの不法行為による損害賠償や、離婚の際の財産分与、子の養育費の請求などの家族関係から生じる債

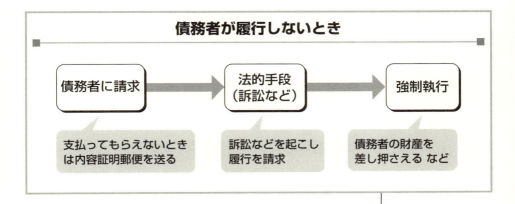

権でも、最も多く問題となるのは、「金○○円を支払え」という金銭債権です。

■ 約束が破られた場合の法的手段

債務者が約束通りに債務を履行しない場合を、一般に債務不履行といいます。

債務不履行には、①履行が遅れているという履行遅滞、②履行が不可能になってしまったという履行不能、③一応、期日に履行はしたが、どこか不完全なところがあるという不完全履行、の3つの形態があるといわれています。

債務が履行されない場合に、債権者が取り得る法的手段としては、①現実的に履行を強制するやり方、②損害賠償、③解除、の3つの方法があります。

債権者としては、まずは、債権の実現を求めて、訴えを提起し、強制執行を図ることになります。

なお、債務不履行においては、債務者の原因によって履行できない場合に責任を負うとされています。ただ、金銭債権の場合には、債務者はたとえ事故などが起こり、債務を支払うことができなくなったとしても債務不履行責任を負い、損害賠償を支払うことになります。

売掛金回収のポイント

PART1 2 債権管理の基本

完全回収するためのポイントを押さえる

■ 売掛金取引をする場合のポイント

商売では、いわゆる現金を用いた取引が最も安全ですが、取引先の信頼度に応じて売掛金を用いた取引がよく利用されています。ただし、売掛金取引では取引先が代金を支払うまでに3か月以上のスパンがある場合が多いため、その期間に掛け取引を行っていた会社の財務状況が悪化し、売掛金が戻ってこない場合があります。したがって、売掛金取引を行う場合、以下の点に注意することが大切です。

① **取引先の信用調査を行う**

営業担当者の情報に加え、専門の信用調査機関の信用調査を行います。すでに取引を始めている相手に対しても定期的に再調査を行うよう心がけます。

② **取引条件をはっきりさせる**

注文の締日と支払期限、支払形態、手形の詳細、支払方法やリース取引の有無などを事前に決定し、契約書で定めます。

③ **次の納入を差し控える**

支払期限までに振込みを行わない取引先には、前回の代金と引き換えに次回の商品を納入すると主張します。

④ **相殺や代物弁済などの予防策**

支払いが滞っている取引先には、相手から商品を購入することで代金の相殺を行い、または代物弁済として代金の一部を代替品で受領するなどの処置を取ることが有効です。なお、代物弁済とは、本来の給付と異なる他の給付により債権を消滅させる契約のことです。

掛とは

掛とは、支払いをその場では行わず、後でまとめて支払う「つけ」を意味する。商品の料金を後払いや後受け取りとすることを、掛による売買という。商品を売って、すぐに支払いを受けない時の金銭債権が売掛金になる。

支払形態

現金や手形などの支払い方法のこと。
現金・手形を併用する場合は、あらかじめその比率を決めることも重要である。

⑤ 支払期限前に請求する

請求の遅延はそのまま売掛金回収の遅れにつながるため、請求手続きは迅速に行います。

⑥ 取引撤退の決断も必要

支払意思のない取引先に対する通知書や内容証明郵便による催告、弁護士など専門家への取立委任、保全手続き、強制執行という手順を踏み、売掛金を回収します。危険信号をキャッチした場合は、得意先であっても取引の打ち切りを検討します。

⑦ 回収の手順のマニュアル化

自社で対応できない場合、顧問弁護士などの専門家にまかせるまでの手順を社内で構築することが必要です。たとえば、支払期限を何日過ぎたら催促状を送付し、それでも応じない場合は相手の立会いの下で商品の引揚げを行うなどの社内体制を確認し、自社で代金回収する体制を作っておくことが大切です。

取引のサイクル

「契約の成立→物品の引渡し→支払期限が来たら代金の回収をする」という流れで行われる。

保全手続き

仮差押・仮処分などのこと。

PART1 3 債権管理の基本

回収計画の立て方

債権の内容、債務者の状況、担保・保証の有無を確認する

■ 準備段階の調査と確認はどうする

債権回収にとりかかることになったら、まずは、回収すべき債権と債務者の状況などを調査して確認しておくことが必要です。調査はできるだけ早く、しかも正確に行わなければなりません。回収計画とその手順・スケジュールを立てるのはその後です。まずは、回収すべき債権自体を確認します。最終的に訴訟ということになれば、債権の存在と内容を証明しなければならないのは債権者の方です。

また、契約書や借用書といった債権についての根拠となる資料も用意しておきます。根拠となる資料が何もないときは手紙やFAX、メールの交信記録などでもよいのです。

■ 債務者について調査・確認する

債務者についての調査は、その資産・収入について行います。調査対象は、最終的に強制執行の対象となりうるあらゆる財産と収入です。資産の調査は、債務者本人のものだけではなく、債務者が会社などの法人であれば、その代表者個人のレベルまで、債務者が個人であれば、その妻子や親族についても行っておくのがよいでしょう。

■ 担保・保証などを確認する

抵当権など担保権や保証などを取りつけてあれば、これは他の債権者との回収競争の中では、強力な援軍になるため、契約書や借用書、手形などを確認しておきましょう。

強制執行
142ページ参照。

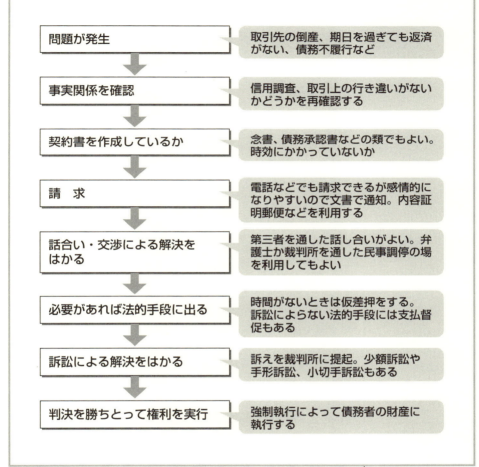

■ 回収の流れを確認する

　債権回収のスケジュールを立ててどのような手段が適切かを検討します。チームで回収にあたる場合には、回収スケジュールと回収方針を明確にした上で、チーム内で意思の疎通を図るようにしましょう。

PART1 4 回収がうまくいかない理由

債権管理の基本

売上の管理を徹底して行うことが大切

■ 回収力の不足

　債権回収が停滞し、焦げつきが発生しているような会社には、次のような共通点があります。

　まずは、調査力不足です。経営方針や政策・売上・仕入などを含め、相手の会社の状況を正確に把握できないと回収に支障が生じます。次に、契約力不足です。契約に必要な法的知識を持たない状態で契約をした場合、後々問題が起こった場合に法的な助力を受けにくくなります。また、処置力の不足も理由の一つです。焦げつきなどの危険な兆候が現れはじめた場合に速やかに処理できなかったために、被害が拡大してしまうケースが多いようです。そして最後は連携力の不足です。社内での情報交換や社外スタッフとの連携がおろそかになると、得意先情報の入手が遅れるなどの危険な兆候を見逃し、回収の焦げつきにつながります。

■ 売上の管理に問題がある場合

　パソコンで売掛金の回収予定を管理する場合、定型的な管理が可能になるというメリットがある反面、売上報告が間違いや嘘であった場合に売掛金額が狂うというデメリットもあります。たとえば、営業担当の何人かが自分の販売成績を上げるために、架空の売上を計上していたという場合などです。

　架空計上の原因が「営業部で物品受領書の未回収があった」などの単純なミスであればよいものの、管理システム自体に架空計上を促すような問題がある場合も多いようです。架空計上

売上の管理

営業部から回ってくる伝票をもとに経理部でコンピュータ入力→請求書の発行→売掛金回収予定を一律で管理し、回収ができたものはチェックして消していく、という流れで行われる場合が多い。

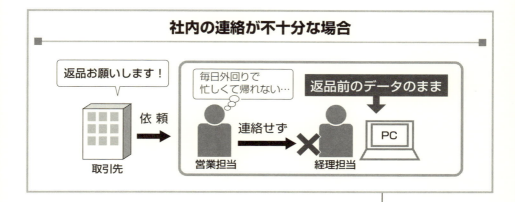

が行われた場合、当然として債権の回収に支障が生じます。会社として架空計上などの粉飾行為が生じないようにするシステム・管理体制を構築しなければなりません。

■ 社内の連絡が不十分な場合

　請求もれが発生する原因に多いのが、取引先との窓口である営業担当者と請求書発行部門である経理部との連絡がうまく行われていない場合です。たとえば、返品や値引きなどの事実が経理担当に連絡されず、得意先への請求金額に誤差が生じ、結果的に繰越残高として残ってしまう場合などです。また、単純に集金の怠慢が原因で、未回収の債権が残る場合も多いようです。これは、営業担当者の意識改革を徹底することで解決することができます。

■ 相手方との関係に原因がある場合

　取引の相手方との関係が原因で債権回収がうまくいかない場合があります。たとえば、商品の品質などをめぐり値引き交渉中で支払いが先延ばしになっているケースや、得意先の検収期間が延び、自社の営業担当が把握していないケースなどが挙げられます。

また、相手方が意図的に支払を遅延していることもあります。業界によっては、回収し切れていない金額の一部を繰越金としている場合がありますが、これはますます回収が困難になる危険が生じる可能性があるため、注意が必要です。

■ 売掛金の記帳・記録方法のチェック

取引先が多くなり、記帳をする部門と販売、集金を担当する部門が別々になった場合、一冊の売掛金元帳で取引を管理することが難しくなる場合があります。これは、1つの帳簿だけでは、回収途中の過程まで把握するのに無理があるためです。

そこで、販売を行う営業部門、発送・納品を担当する倉庫部門、経理部門など一連の作業の流れを図式化し、売掛金回収を把握できる事務フローの作成が必要になります。その際、売掛金管理は、売上業務と売掛金回収業務をつなぐ重要な役割を担います。売掛金管理はミスが多発する部分であり、慎重な管理が必要とされる業務のため「売掛金の残高が得意先の買掛金額と一致しない」などのズレが生じないよう心がける必要があります。自社の売掛金を正しく把握しないと、焦げつきに気づかない事態も起こり得ます。

■ 営業部門と連絡をとりあう

売上伝票は、取引の相手方、会社の営業担当者、倉庫課の受払係、配送係、などの多くの人の手を介し、経理課の記帳係、会計係に送られます。伝票の起票、伝票の回付、売上日報や売掛金元帳への転記など、どれか1つの作業が滞ると、回収の流れ全体に影響し、回収遅れ・回収もれにつながります。実際、回収もれの要因の多くは、営業部門から営業事務を経て、経理部門への連絡がうまくいっていない場合です。そのため、一連の流れを見直すことは、作業効率のアップだけでなく、回収もれを防止するためにも効果的だといえるでしょう。また、経理

事務フロー
円滑な業務を可能にするために規定された事務手続きの処理手順のこと。

検収期間
営業部から回ってくる伝票をもとに経理部でコンピュータ入力→請求書の発行→売掛金回収予定を一律で管理し、回収ができたものはチェックして消していく、という流れで行われる場合が多い。

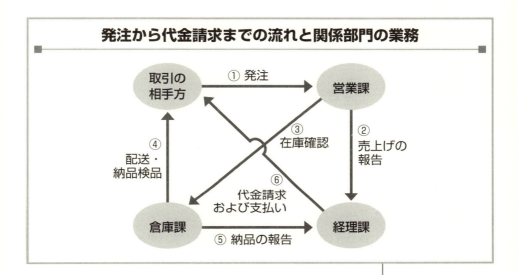

部、営業部で相互チェックできる売掛金管理システムを構築するのも、確実に売掛金を回収するための有効な手段です。

もっとも、優れたシステムが構築されたとしても、そもそもの原始伝票に記入ミスがあるようではシステムも機能しません。そこで、①安易に締後扱いの納品は行わず、生じた場合は物品受領書にその旨を明記して上司の検印を受ける、②検収期間を設けている得意先については、社内伝票の記載方法を統一し物品受領書を保管する、③定期的に売掛金の原始帳簿票である入金伝票、現預金出納帳、受取手形などの照合を行う、④定期的に得意先に残高確認をする、などの対策を徹底し、記入ミスを生じさせないように心がけることが大切です。

■ 締日を見直す

請求締切日がバラバラだと管理にミスやもれが起きやすくなります。月3回くらいに集約するなど、営業担当と協力して得意先に折り合いをつけるのがよいでしょう。こうすることで、売掛金回収管理の効率化を図ることができます。

締日の日程
会社によって異なることが多いので、商品の納入日で締めるのか、それとも請求書の到着日で締めるのか、相手方に確認しておく必要がある。
締日の解釈などを確認しても、請求内容と実際の支払いの差異が大きい、あるいは請求額に対する入金割合が月によってまちまちになってしまう取引先が多い、といった問題が発生する場合には、販売の実態と請求締日が合っていない可能性もある。相手の信用調査を行う前に、自社の営業活動に何か問題がないか調べてみることも必要である。

物品受領書
製品が相手に渡ったことを証明する書類のこと。

PART1 5 社内の回収システムの確立方法

債権管理の基本

売掛金管理の役割を理解する

■ どうすればスムーズにいくのか

経営管理とは、企業のヒト・モノ・カネを目的に合わせて合理的に活用し、経営の全体を管理することです。

一方、売掛金管理とは経営管理の1つのサブシステムであり、販売管理、在庫管理、生産管理、購買管理（商品仕入）、財務管理（資金調達）などの各部門を管理することで行われます。

売掛金の管理・回収は、販売管理からも財務管理からも独立した部門で行われますが、販売部や財務部が管理する分野と一部共通する分野を管理するため、深い関係性があります。

回収する側の社内管理体制に、以下に掲げるような問題があった場合は、未回収・焦げつきの原因となります。

① 好景気時の社内体制作り

景気が悪いときでも売掛金をきちんと回収している企業はあります。景気の良いときに社内体制を整え、強化していたことから、景気の動向に関係なく売掛金回収を行うことができます。

② 営業戦略・方針に問題がある

競争力のない商品やサービスをいくら販売しても売れるわけはなく、営業担当者には得意先との取引を見極める余裕がなくなります。また、売上目標を達成することばかりを掲げた営業方針で、相手の信用調査などは後回しにして営業活動を行うのも問題です。これでは、売掛金の全額回収が難しくなります。

③ 信用管理体制の不備

与信管理の制度化の遅れ、または制度の社内共有不測の場合などは、焦げつきが発生する可能性が高くなります。

サブシステム
大きなくくりのシステムを構成するための、小さなシステムのこと。本文の場合は、経営管理を構成するためのシステムが売掛金管理である、ということ。

売掛金管理のおもな役割
①取引全体の安全確保の機能
取引先の信用調査や与信限度の設定などの管理だけでなく、企業の取引活動全体が安全に行われるように、取引全体が管理範囲となる。
②営業部門の抑制機能
支払能力のない得意先に商品を売ってしまうと、売掛金を回収することができなくなる。売掛金部門はこのような営業部門の行き過ぎがないように適切な統制機能をもたせておくようにする。

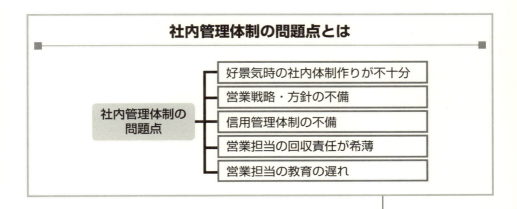

　たとえば、管理部門で弁護士、経営コンサルタントなどのアドバイスをもとに与信管理規程を決めているにもかかわらず、現場で得意先と交渉する営業マンの理解が不十分だという場合です。営業部門の正しい理解と協力がなければ、得意先の信用状況に危険な兆候があってもそれを見逃してしまい、対応に遅れが生じます。

④　営業担当の回収責任が希薄

　「代金回収は経理部門や管理部門の仕事で、営業担当者は売ることに専念すればいい」というのは危険な発想です。とくに経理幹部がこのような考え方で営業担当に代金回収業務を課さない場合は、相手の信用を考慮に入れず無謀な販売をすることと同じです。経理部や管理部に加え、営業部門も売掛金回収までを意識できる環境を整えることが必要です。

⑤　営業担当の教育の遅れ

　得意先に出向く営業担当の信用調査不足や法律に関する知識が不足する場合、焦げつきが発生するケースが多く見られます。管理部門は適切な対処法をマニュアル化し、過去の失敗事例を提示するなど、営業部門と連携して営業マンの教育を行っていく必要があります。

回収するための心得

売掛金管理の管理対象は、新規・継続の得意先となるが、管理活動は直接、取引先に及ぶものではなく、社内での対応を組織的に、制度化して行っていくことになる。そのため、取引先との窓口にあたる営業部門との連携は必須である。単に連携するだけでなく、営業担当者に売掛金回収についての教育を施すことも管理部門の役割といえる。
また、管理部門では取引が滞っていないときに、売掛金管理・回収に力を注ぐことが必要である。一方、営業の心得としては、売るだけでなく、自社の「売掛金回収システム」を念頭においた活動をすることが大切である。

PART1 6 与信管理規程の作成

債権管理の基本

迅速で安全な取引のためには与信管理規程と運用マニュアルが必要

与信管理規定の内容
- 実務の前提となる基本事項
- 信用調査の方法・与信限度の設定方法などの具体的な方法
- 与信管理の手続きについて具体的な方法、申請書類等の記入例
- 申請時に必要となる書類の雛形・閲覧システムの構築

与信管理規定の細則
与信管理規程で扱う各項目の細かい運用方法などは、細則として管理規程とは別にまとめる。細則はすぐに閲覧できるように別紙として管理規程に添付する。申請や報告方法など実務的な内容についても定め、記入例などの見本を掲載する。
なお、特別形式の管理は、取引対象について明確にし、別途追加規程にまとめる。さらに、緊急事態への対応方法や取引終了時の取扱いもわかりやすく定めておく。

■ 与信管理規程とは

　与信管理規定とは、個別の売掛金管理についての社内規程のことです。大企業ほど、個別の売掛金の管理にかかわる部署や人員が多いため手続きが繁雑になり、与信管理規程が重要になります。与信管理規程では、会社の与信管理方針、基準、手続きなどが関連部署間の役割とともに掲載されます。しかし、会社の規模や業種によって定める内容は異なります。

■ なぜ管理規程が必要なのか

　売掛金には、予測の立てやすい毎月同額のものや、予測の立てにくいスポット的なものや季節的なものがあります。

　与信管理規程は、さまざまな売掛金をなるべくリスクを減らした上で効率よく管理をするために規定されます。具体的には、まずは会社の意思全体を統一し、会社の意思決定について各部門間で連携し、協力することを明示します。さらに、会社の各部門が持つ権限・責任、各部門間の責任と権限の線引き、会社の基本方針と手続的な決まりを明確に定めます。与信管理規程は、それ自体が社員の教育や啓蒙を進める上でのテキストとなるように規定します。実践的に活用できるよう、ハンドブックの作成や、申請手続きの明確化などの工夫が必要です。

　与信管理規程の作成後、実際に円滑に運用できるように運用マニュアルを作成するなど、他の社内規程や制度との連動ができるように工夫します。会社の根幹にかかわる方針などが変更された場合には、管理規程も実情にあったものに変更する必要

与信限度額の設定がもたらすメリット・デメリット

メリット	デメリット
①効率的な信用調査が可能となる ②貸倒れリスクを低く抑えることができる ③取引と売掛金管理を迅速に行うことができる	①営業部門の活動に制限が生じたり取引先の心証を損ねる可能性がある ②営業部門の与信に対する考え方が甘くなる ③与信限度額の更新作業のたびに時間をとられる

があります。管理規程がたびたび変わることは好ましくはないものの、実情からかけ離れたまま運用することも避ける必要があります。

■ 設定方法を検討し、限度額を設定する

　与信限度額を設定するには、まずは設定方法の手法を把握することが重要です。

　手法にはいくつかの種類があり、たとえば、①月間信用期間法（信用度指数×月間目標販売高×支払平均期間）、②基準支払能力の３倍法（((担保物件の時価×0.7）＋保証金＋（保証人の個人資産評価×0.7））、③売上高予想法（たとえば小売業の場合は、従業者１人当たりの売上高×従業者数）、④販売目標管理法（販売目標から設定）、⑤担保による設定法、（得意先の不動産・動産・債権などの担保資産の処分額）、⑥３年間粗利法（商品の粗利益×３年分の売上高）、などが挙げられます。

　これらを検討した上で、効果的な手法を選定することになります。なお、設定した方法は随時見直しを行っていく必要があります。

販売目標管理法
営業担当者が設定した販売目標額をもとに限度額を設定する方法。信用状態が反映されないため他の方法と併用する必要がある。

担保による設定法
担保資産の処分額をもとに設定するため、資産の価値のみで判定することになる。回収すべき額はあらかじめ保全されており、リスクが低くなることが特徴。比較的信用度の低い取引先に利用できる方法である。

PART1 7 代金回収の手順

債権管理の基本

手順を作り、社内に徹底させる

■ 回収までの流れ

　売掛金の回収を確実に行うためには、まず、社内での回収手順を定めます。回収手順とは、回収の努力度合いを定めた行動指針のことです。具体的には、①期日経過後の待機期間、②督促までの待期期間、③次回納品の有無、④未払金との引き換え納品を行うか、を定めることになります。回収手順を決めた後は、社内での徹底周知を行います。

　回収手順に基づき、支払いを待つ期間が過ぎた後は督促行動に移ります。まず、「債務残高確認書」を、それでも応じない場合は「催促状」をそれぞれ郵送します。なおも相手から反応がない場合は、「催告状」を発行します。これが無視された場合は、訴訟を起こすという最後通告を行います。裁判になった場合、相手にいつ書面が届いたかを証明する必要があるため、催告状は配達証明付内容証明郵便で出すことが必要です。

　その上で相手と相談を行い、納入商品を引き上げます。それでも相手が支払いを渋るようであれば、法的手段を検討します。

■ まずは請求書を送付する

　債権回収の第一歩は、請求することです。普通の債務者であれば、請求することによって支払う気持ちになり、ある期間の経過後には、振込みや送金などの方法によって、支払いがなされるものです。請求の方法は、電話によるよりも、請求書を送付する方が、債務者の気持ちを傷つけることが少ないといえます。電話によって督促（催促）した場合、債権者側の態度の不

債務残高確認書
相手に債務があることを認識させるための書面で、時効を中止させる催告の役割も果たす。普通郵便かハガキで発送する。

督促状
支払いを要求する書面のこと。普通郵便、ハガキ、配達証明付内容証明郵便のいずれかで発送する。

代金回収のための手順

第1段階	2週間程度支払が遅れている
債務残高確認書を普通郵便で送付し、様子を見る	
第2段階	3週間～1か月程度遅れている場合
督促状や催告状（相手から反応のないことを受け、警告する催促）を複数回に分けて、配達証明付内容証明郵便を送付する	
第3段階	支払いが1か月半程度遅れている場合
次回の納品をしないで様子を見る。 契約を解除し、商品を引き揚げることを検討する	
第4段階	支払いが2か月以上遅れている場合
訴訟や支払督促など、法的手段を検討する	

備やちょっとした言葉使いのミスがもとになり、債務者の反発を買う恐れがあります。

■ **内容証明郵便の利用**

請求書を送っても応答がない場合は、再度請求書を送付することが考えられます。しかし、現実的には、再請求をしても回収が進むという確率はそう高くはないと言わざるを得ません。

そのため、次の手段として、請求書に代えて内容証明郵便を送る方法も有効的です。内容証明郵便は、債務者にプレッシャーを与えると同時に、訴訟になった場合に効力を発揮します。

情報収集の結果、納入した商品について品質上のクレームがないなどの債務者側の未払いに正当な理由がないことが判明した場合、次の手段を考えます。未払いの理由には、債務者側の資金繰りが苦しいことが考えられるため、この段階から、債務者が倒産することも視野に入れて行動するべきでしょう。

> **請求書作成上の注意点**
>
> 書類を送付して請求する場合には、以下のような請求書を作成することになる。請求書には、①宛先、②請求日、③作成者、④債権内容、⑤債権額、⑥支払期限、⑦振込先といった事項を記載する。請求の時点で未だ入金されていない未払金がある場合には、その未払金についても記入する。請求書は後々裁判になったとき重要な証拠となるので、記載ミスがないようにしたい。

PART1 8 内容証明郵便

債権管理の基本

債務者に心理的圧力をかけることができる

■ 内容証明郵便とは

　内容証明郵便は、誰が・いつ・どんな内容の郵便を・誰に送ったのか、を郵便局が証明する特殊な郵便です。一般の郵便ですと、後々そんな郵便は受け取っていない、いや確かに送った、というようなトラブルが生じないとも限りませんが、内容証明郵便を利用しておくと、そうした事態は避けられます。

　そのため、債権者が郵便で支払請求する場合にも、内容証明郵便を利用すれば郵便物を発信した事実から、その内容、さらには相手に配達されたことまで証明をしてもらえるので、後々訴訟になった場合に強力な武器となるでしょう。

　また、法的な効果をもつ文書は、それが相手方に到達した時に効力を生じるというのが原則です。内容証明郵便に配達証明のサービスをつけて出せば、相手方に届いたことと、その年月日が証明されます。別途料金がかかりますが、内容証明郵便を出すときには、配達証明をつけて出すのがよいでしょう。

■ 最低３通必要になる

　内容証明郵便は、受取人が１人の場合でも、同じ内容の文面の手紙を最低３通（受取人が複数ある場合には、その数に２通を加えた数）用意する必要があります。ただし、全部手書きである必要はなく、コピーでもＯＫです。郵便局ではそのうち１通を受取人に送り、１通を局に保管し、もう１通は差出人に返してくれることになっています。同じ内容の文面を複数の相手方に送る場合には、「相手方の数＋２通」用意することになります。

配達証明

郵便物が、相手方に届いたことと、その年月日を証明する日本郵便株式会社のサービス。トラブルの際、相手方に内容証明郵便を送付する際などに、配達証明を利用することが多い。差出後でも１年以内であれば、配達証明を出してもらうことができる。

内容証明郵便の書き方

用　紙	市販されているものもあるが、とくに指定はない。B4判、A4判、B5判が使用されている。
文　字	日本語のみ。かな（ひらがな、カタカナ）、漢字、数字（算用数字・漢数字）。外国語不可。英字は不可（固有名詞に限り使用可）
文字数と行数	縦書きの場合　　：20字以内×26行以内 横書きの場合①：20字以内×26行以内 横書きの場合②：26字以内×20行以内 横書きの場合③：13字以内×40行以内
料　金	文書1枚（430円）＋郵送料（82円）＋書留料（430円）＋配達証明料（差出時310円）＝1252円 文書が1枚増えるごとに260円加算

※平成26年4月1日消費税8％改訂時の料金

　用紙の指定はとくにありません。手書きの場合は原稿用紙のようにマス目が印刷されている、市販のものを利用してもよいでしょう。ワープロソフトで作成してもよいことになっています。
　こうしたできた同文の書面3通と、差出人・受取人の住所氏名を書いた封筒を受取人の数だけ持って郵便局の窓口へ持っていきます。郵便局は、近隣の大きな郵便局を選びます。その際、字数計算に誤りがあったときなどのために、訂正用に印鑑を持っていくのがよいでしょう。

内容証明郵便を取り扱う郵便局
集配を行う郵便局と、地方郵便局長の指定した無集配郵便局。

■ 内容証明郵便で送る文書の中身

　枚数に制限はないものの、主旨を簡潔に、一定の形でまとめた方が確実に相手に伝わります。

① 表題

　「通知書」「督促状」など文書につけるタイトルです。内容証明郵便の主旨が一目でわかるようにつけておくと効果的です。

② 前文・後文

基本的には省略してかまいませんが、相手との関係、お願いなどが内容に含まれる場合は、仰々しい内容証明郵便であってもやや柔らかく相手に伝える効果が期待できるので記載します。

③ 本文

必要事項を確実に、相手に伝わりやすい表現で記載します。原則として主観的な感情や背景事情は記載しない方がポイントが伝わりやすくなります。また、間違えても撤回できず、相手にスキを与えるので、書く前に事実確認を十分に行った上で作成することが望まれます。

④ 差出人・受取人

個人の場合は住所、氏名、会社などの法人については所在地、名称とあわせ、わかれば代表者名を記載して、差出人は押印します。代理人を立てた場合は代理人も同様に記載して押印します。記載は、郵便局に持参する封筒の差出人と受取人と一致している必要があります。

⑤ 差出年月日

差出日を明確にするため記載します。

■ 字数などの制限がある

内容証明郵便を出す場合には、若干注意すべきことがあります。

まず、表（前ページ）のように、1枚の用紙に書ける文字数と行数に制約があります。枚数に制限はありませんが、1枚増えるごとに料金が加算されます。使用できる文字は、ひらがな・カタカナ・漢字・数字です。英語は固有名詞に限り使用可能です。用紙が2枚以上になる場合には、ホチキスやのりでとじて、そのページのつなぎ目に左右の用紙にまたがるように、差出人のハンコを押します。なお、字句の削除や訂正を行う場合は、その部分に2本線を引き訂正をした上、「○行目○字訂正」などと記載し、押印します。

内容証明郵便を書く際の注意事項

- 句読点
  「、」や「。」は1文字扱い
- 「 」の扱い
  文字を「 」で囲うこともできるが、「 」を1文字としてカウントする。たとえば、「角角」という記載については3文字として扱う
- 下線つきの文字
  下線をつけた文字については下線と文字を含めて1文字として扱う。たとえば 「3か月以内」は5文字扱い
- 記号の文字数
  「％」は1文字として扱う
  「㎡」は2文字として扱う
- 1字下げをした場合
  文頭など、字下げをした場合、空いたスペースは1字とは扱わない

■ 24時間いつでも出せる

　電子内容証明郵便とは、現在の内容証明郵便を電子化して、インターネットを通じて24時間受付を行うサービスです。

　電子内容証明サービスを利用して、文書データを送信すれば、自動的に3部作成し、処理してもらえますので、手続きは短時間で終了します。差出人から送信された電子内容証明文書のデータは、郵便局の電子内容証明システムで受け付けます。その後、証明文と日付印が文書内に挿入されてプリントアウトされ、できあがった文書は封筒に入れられて発送されます。

　電子内容証明サービスを利用するには、利用者登録とソフトウェア（e内容証明ソフトウェア）のパソコンへのインストールが必要です。登録は、日本郵便の電子内容証明のホームページ（http://enaiyo.post.japanpost.jp/mpt/）から行います。

> **電子内容証明郵便の体裁**
> 用紙は、Ａ４サイズで、縦置き・横置きを問わない。通常の内容証明郵便と大きく異なるのは、1ページ内の文字数制限が大幅に緩和されていることと、逆に一度に出せる枚数に制限があることである。詳細は電子内容証明のホームページ上にある「ご利用方法」で確認できる。

PART1 9 債権の請求と債務者の承諾

債権管理の基本

時効中断効が生じる

■ 請求にはいろいろな効用がある

　債権回収において意外と忘れてしまいがちなのが、債権の消滅時効です。消滅時効期間は、一般の債権では10年ですが、商取引の場合は5年です。とくに、商人（企業）間の売掛金債権は2年で消滅してしまいます。また、もっと短い1年や6か月で消滅してしまう債権もありますから注意が必要です。

　請求には、時効を中断させる効果があります。時効の完成による効果はカウント開始の日まで遡りますが、当事者が時効の援用を行う必要があり、また、時効の完成後は放棄することもできます。

■ 時効を中断させるための手段

　時効を中断させるためには、請求、差押え・仮差押・仮処分、承認のどれかの方法をとる必要があります。そのうち、もっとも確実な方法は、訴えを提起して請求する方法です。ただし、同じ請求でも訴訟を起こすなどの裁判上の請求とは異なり、請求書の郵送などで請求するだけでは時効を中断させることはできません。その請求から6か月以内に裁判上の請求など、より強い他の中断手続きをとった場合に限り、時効が中断されます。

　また、差押え・仮差押・仮処分については、裁判所での手続きが必要です。時効完成間際の債権がある場合には、何はともあれ請求することが必要です。後々のトラブルに備えて、内容証明郵便を利用することをお勧めします。その上で債権者からの請求を受けたとすると、支払いを怠っている横着な債務者の

時効

一定の事実状態の継続があった場合に、その事実状態を権利にまで高め、権利の取得・消滅を認める制度。
時効には、一定の期間の経過により、権利の取得が認められる「取得時効」と権利の消滅が認められる「消滅時効」があるが、債権回収にかかわるのは消滅時効。

時効の援用

時効が成立することで得をする者が、相手に対して時効を主張すること。

時効中断を理由とする再請求書（内容証明郵便）

請求書

私が貴殿に対して有する平成○年○月○日の商品の代金支払に対し、弁済期とする平成○年○月○日に貴殿は消滅時効を援用されました。しかし、平成○年○月○日に貴殿から支払猶予の申入れを了承しました。当該支払猶予の申入れを受け、私はこれを了承しました。当該支払猶予の申入れに対する承認にあたり、上記代金債権は時効の中断事由である債務の承認にあたり、未だ消滅時効が完成していないことになります。

つきましては、本書面が到達後7日以内に上記代金100万円をお支払い下さいますう請求致します。

上記代金100万円を

平成○年○月○日

○○県○○市○○町1丁目2番3号
長岡次郎 印

○○県○○市○○町7丁目8番9号
山本武 殿

場合でも「せめてあと1か月待ってくれ」などの申出があるかもしれません。この一言があれば、「債務の承認」という時効中断事由を得たことになります。ただし、後に言った・言わないの水かけ論にならないよう「○年○月○日には支払います」というような書面をとっておくことが重要です。

また、債務者が1000円の場合でも1万円の場合でも、金額に限らず債務の一部としての支払いがあれば、これも債務の承認となります。もちろんこの場合にも、控えつきの領収証を作って渡し、債務者にサインをもらった上で、後日のために証拠を残すようにしておくことが大切です。

時効が中断した場合、中断事由が終了したときから再度時効が進行します。そのため、債務者が債務の承認後も任意に支払わないような場合には、裁判上の請求によって最終決着をつけることも必要でしょう。

お金の貸し借りについての消滅時効の改正

平成27年3月に提出された債権法に関する改正法案によると、金銭債権の時効期間が統一されることになった。これまでは、「飲食店が1年」「医療費が3年」など職業別に異なる「短期消滅時効」が定められていたが、これを「権利を行使することができることを知った時から5年」に統一することになった。

これは、一般の人には自分の債権の時効期間が何年なのかがわかりにくいことと、職業ごとに時効期間が異なるのは合理的ではないとする批判を受けたことによる。なお、10年の期間については、「権利行使ができる時から」として、そのまま残されている。

PART1　債権管理の基本

Column

念書や支払計画書の取り方

　債務を履行する場合、法律の建前からいえば、債権者の住所または営業所で行うのが原則とされています。

　しかし、そうはいうものの、ただ待っているばかりでは債権回収がおぼつきません。回収が困難であればあるほど、債務者のところへ足を運んだ上でこちらの主張を伝え、債務者と直談判することが必要になります。

　何度足を運んでもらちのあかない債務者であったとしても、直接対面した場合は、少なくとも債務確認のための「念書」だけは記入してもらうようにしましょう。念書とは、後日、証拠として用いるために、念のため作成される文書のことをいいます。念書をとる理由は、後日「言った・言わない」といった押し問答が起こることを避けるためです。

　念書には、①債権者・債務者の名称、②債務の内容、③支払期日、④支払が遅れた場合に債務者が負う責任、についても明記します。

　その上で、本文の末尾に「後日のため、念書を差し入れます」といった記載をしてもらうのが一般的です。

　また、「債務承認書」とは、債務者に債務の存在を認めてもらう文書です。債務者が債務を承認すると消滅時効の進行がストップしますので、時効の期限が迫っている債権の債権者は債務内容を記載した書面に債務者の名前を書いてもらい、印鑑を押してもらいましょう。

　債務者の資力が乏しく、すぐに返済してもらえそうもない場合には、「支払計画書」や「弁済計画書」を作成してもらうとよいでしょう。「支払計画書」には具体的な返済計画と債務者側の資金計画、売上予測といった財産状況を記載してもらいます。

PART 2

債権を強くする方法

PART2 1 債権を強くする方法

契約書の作成方法

公序良俗違反にあたれば当事者同士の合意があっても無効になる

■ 契約は自由にできる

　契約とは、たとえば売買ですと、「ある物を売りたい」という人と「買いたい」という人の意思が合致したような場合に成立します。つまり、契約書を作成しなくても、契約は成立するわけです。

　契約については民法や商法などの法律が規定していますが、法律の規定と異なる内容を定めることも、原則として許されています。ただ、契約内容が社会の秩序や道徳に著しく反するものである場合、これを認めると社会秩序が混乱してしまうので、契約は無効になります。これを公序良俗違反といいます。

　このように、当事者間でどんな合意をしても、これに反する合意は無効となるという規定を強行規定といいます。どのような規定が、強行規定にあたるのかは、各規定の趣旨に従って判断する事になります。

■ 解除や損害賠償請求ができる

　契約は約束ごとです。当事者が約束を守らなかった場合、債務不履行責任を負います。つまり、契約を解除することができ、損害賠償を請求することもできます。債務不履行には、①履行遅滞、②履行不能、③不完全履行と３つの形態があります。

　約束の期日（履行期）がきても、債務の履行がされない場合を履行遅滞といいます。契約書などに○月○日と期限が記載されているときは、その日が履行期です。履行期を定めていなかった場合には、債務者が債権者から履行の請求を受けた時が

公序良俗

公の秩序や良好・善良な風俗のこと。具体的には、公の秩序とは社会の秩序や利益のことをいい、良好な風俗とは社会の道徳のことを意味する。

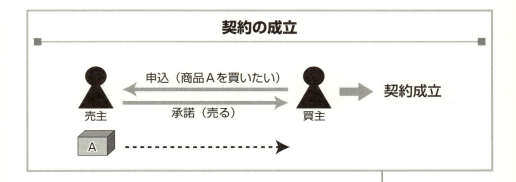

履行期になります。

これに対して履行不能とは、債権成立時点では履行が可能であったにもかかわらず、その後、給付の対象の物が、損壊等により消滅（滅失）してしまった場合をいいます。履行不能の場合の損害賠償は、本来の給付に代わる金銭を賠償してもらう事になります。もっとも、金銭の消費貸借契約等で、金銭が滅失するということは通常考えられませんので、金銭債権が履行不能に陥ることはないといえるでしょう。

履行期に一応の履行はなされたのですが、どこか不完全なところがあるというのが不完全履行です。給付された目的物に欠陥があったりして不完全な場合は、それが完全なものにできるなら、債権者としてはまず債権の内容に沿った完全な履行を請求するのがよいでしょう。追完が不能であれば、損害賠償を請求するしかありません。

■ 基本契約書がある場合

得意先とのトラブルを避けるために最も有効な方法は、「商品取引基本契約書」をあらかじめ交わしておくことです。

これは得意先と継続的な取引がある場合に作成される契約書のことです。万が一不払いなどの事態が起こったときに、基本契約書があればどのような対策をとればよいかをすぐに判断す

ることができます。しかし、古くからの得意先に契約書にサインを強要できない、という場合もあります。このような場合には、注文書や注文請書を作成して万が一トラブルが発生した際に備えることもあります。

■ 注文書と注文請書のはたらき

　取引が長くなってくると、商品の注文を電話や口頭ですませてしまうことが多いものです。しかし、これは後から「言った」「いや言わなかった」とトラブルに発展することが多いため、必ず注文書や注文請書など証拠の残る形にしておきます。

　注文書とは、個別の注文の条件が記載された書類です。継続的な商取引では、具体的な品物の種類、数量、単価、納期などについては、注文書および注文請書や個別の契約書などで、そのつど規定されることになります。「申込み」を証明するのが注文書で、「承諾」を証明するのが注文請書です。取引基本契約書と個別の契約書、注文書・注文請書などがセットになって一つの契約条件を表すと考えておけばよいでしょう。

　注文書を作るポイントは、①宛て先を正しく書く、②商品名や数量など目的物を特定する、③代金（総額・単価）・支払方法などを明記する、④納入場所、納入方法なども詳細に書く、⑤必ず控えをとっておく、ことです。また、注文書の控えだけでなく、得意先が商品を受け取ったことを証明する「商品送付記録」を保存しておく習慣をつけます。

　注文請書は注文書とは若干性格が違い、「確かに契約を承諾した」という意味合いを持っています。商品取引基本契約書を交わしていない場合は、注文請書の裏面に取引約款を印刷するという方法があります。取引約款には必ず売り手の代金回収を保障する項目を明記しておきます。さらに、注文請書の裏面に取引約款が印刷されていることを得意先にきちんと伝えておくようにしましょう。

注文書

個別の注文について、必要最低限の条件が記載された書類。①年月日、②商品名、③数量、④商品単価、⑤合計金額、⑥商品の送付方法・送り先、⑦納期、⑧得意先担当者の署名・押印を明記する必要がある。

契約書を作成する意味

契約をした証拠となる	トラブル防止、裁判での強力な証拠となる
契約遵守	契約書に記載されることにより、口約束のような曖昧さが排除され、契約を遵守する意識が高まる
ルールの明確化	契約書を作ることにより、契約に沿った事業運営をすることが要求される

■ 証拠としての役割

　契約をめぐりトラブルが発生した場合、契約書を精査して事実関係を整理できればよいのですが、当事者が明確な契約書を作成していないということもあります。このような場合、契約書に代わる証拠を用意する必要があります。発注内容のFAXや、契約書の一種として認められている注文書なども、内容によっては契約の証拠になります。直筆のFAXや注文書であれば、より証拠能力が高くなります。

　トラブル対策という点では、注文書の裏面に取引の重要条項や約款を印刷しておくのがよいでしょう。注文書の裏面は通常白紙ですが、裏面にトラブルが生じた場合の責任の所在、損害賠償額などを記載して、相手側に伝え、サインを受け取っておけば、そのような注文書も立派な証拠になります。とくに、当事者間で明確な契約書を作成していない場合には注文書の裏面を活用するのがよいでしょう。

　注文書以外の証拠としては、売掛台帳などの会計帳簿には、取引の履歴が詳細に記載されているので、発注の証拠になります。また、会議の内容を記載した議事録にも証拠能力が認められます。受領書は、相手方が商品を受け取った証拠として、検査済証は、相手方が検査を完了した証拠であるので、高い証拠能力を持ちます。

> **その他のメモなど**
> その他、自社で作成できるメモ、納品書、請求書、業務日報なども、他の証拠と合わせることで、有力な証拠となり得る。

PART2 2 トラブルになりやすい条項

債権を強くする方法

書面があると契約の存在や内容を証明できる

■ なぜ契約書を複数作るのか

通常、契約書はその人数分、複数通作成するものです。契約書が1通しか存在せず、それを当事者の一方だけが保管する場合、もしそれが紛失したり、巧みに改ざんされたりすると、他方の当事者は、本来の契約内容を証明する貴重な証拠を失うことになります。契約書を複数作成し、各当事者が1通ずつ保管する方法には、そのような危険を排除する効用があります。

また、債務者が契約上の債務を履行しない場合、権利者はその履行や損害賠償を求めて裁判所に訴えを提起し、判決を得たり、得られた判決に基づいて強制執行を申し立てたりすることができますが、そのためには、契約の存在・内容を最低限立証する必要があります。

■ 契約書の作成形式は自由である

法律がとくに要求している場合を除いて作成の形式は自由です。

通常、契約書に書かなければならない事項としては、①前文、②表題、③契約当事者の表示、④目的条項、⑤契約の内容、⑥作成年月日、⑦契約当事者の署名押印(記名押印)、⑧目録(物件目録など)、⑨収入印紙の貼付、⑩後文、があります。

この他、当事者が取得し、負担する権利義務の内容、後で争いになって困るような事柄については、明確に記載しましょう。

■ 争いが生じやすい事柄と記載例

契約上のトラブルが後日発生することを防ぐためには、将来

契約書がない場合

契約書がない場合でも、契約の成立を立証することは不可能ではないが、契約書は契約の成立を証明する最も有力な証拠であるから、それがあるのとないのとでは、権利実現の難易度に雲泥の差がでてくる。

契約書のスタイル

表　題	契約書のタイトル （商品売買契約書、継続的取引契約書、など）
前　文	契約当事者、契約概要
本　文	主要条件、一般条件
後　文	作成した契約書数、所持する当事者の情報
日　付	契約書作成日
署名押印	当事者の署名と押印

争いが生じやすい事項につき、あらかじめ適切な規定を設けておくことが大切です。

① **履行期日、存続期間**

履行期日は、売買・請負などの場合に問題となり、存続期間は、賃貸借・雇用などの場合に問題となります。

② **契約解除**

契約解除は、解除権の行使によってなされます。解除権には、法定解除権と約定解除権があります。法定解除権は、契約上の債務不履行があった場合、特定物の売買において目的物に隠れた瑕疵（欠陥）があった場合に、法律上当然に認められます。

法定解除をする場合、相手に契約違反（契約不履行）があっても、履行の催告をしないと解除できません。そこで催告なしでも解除できる無催告解除の特約を契約時にしておきます。約定解除権は、当事者の契約により認められるもので、手付が交付された場合などがその典型例です。

③ **期限の利益（期限の利益喪失約款）**

期限の利益とは、「期限が来るまでは履行しなくてよい」という債務者の利益のことです。期限の利益喪失約款とは、債務

者に債務不履行などがあった場合に期限が来なくても、債務の全額を直ちに支払う旨の約款のことです。

④ 損害賠償・違約金

契約上の債務の不履行によって債権者に損害が生じたときは、債権者はその損害の賠償を求めることができます。また、特定物の売買において目的物に隠れた瑕疵（欠陥）があった場合には、買主は、売主に対して、損害賠償を求めることができます。これらは法律上の規定ですが、当事者の契約により、あらかじめ損害賠償額を定めたり違約罰の定めを置くこともできます。

⑤ 保証人条項

保証は、主たる債務が履行されない場合に、債権者が保証人に保証債務（債務者に代わり返済する債務）を請求することで債権の回収を実現するものです。保証には普通の保証と、普通の保証よりも保証人の責任が重い連帯保証がありますが、実務では貸付けの際には連帯保証人を要求するのが一般的です。

⑥ 相殺予約条項

相殺の予約とは、相殺することができる条件をあらかじめ契約で規定しておくことです。相殺はいち早く債権回収を実現する手段ですから債権者にとっては有効な規定だといえます。

⑦ 公正証書・確定日付

公正証書は、公証人という特殊の資格者が、当事者の申立てに基づいて作成する文書です。契約書を公正証書にしておくと、強制執行や証拠の点でメリットがあります。

また、その日にその証書（文書）が存在していたことを証明する変更のできない確定した日付のことを確定日付といいます。債権譲渡契約書については、第三者に債権譲渡の事実を主張するためには確定日付のある証書が要件とされているため、公証役場で承諾書などに確定日付をつけてもらうことが必要です。

⑧ 諸費用の負担

その取引によって生じる費用や租税などの負担をどのように

相殺

債権者と債務者が、互いに同種の債権・債務を有する場合に、対当額で互いに消滅させること。簡易な決算手段として使われている。

契約解除・相殺予約・期限の利益喪失・遅延損害金条項

契約解除条項

（契約解除）
　当事者の一方が本契約の条項に違反した場合には、直ちに本契約を解除することができる。本契約の解除は何らの催告も要しない。

相殺予約条項

（相殺予約）
　甲が乙に対して債務を負っている場合には、甲において、本件売掛金債権の弁済期の到来の有無にかかわらず、本件債権と甲の乙に対して負担する債務とを対当額で相殺できるものとする。

期限の利益喪失条項

（期限の利益喪失）
　乙または丙が下記の一に該当した場合には、乙は当然に期限の利益を失い、乙および丙は、本件契約に基づき甲に対して負担する一切の債務を直ちに支払うこととする。

遅延損害金を定める条項

（遅延損害金）
　期限後または期限の利益を失ったときは、期限の翌日または期限の利益を喪失した日の翌日から完済に至るまで、甲乙に対し、残元金に対する年〇％の割合による遅延損害金を請求することができる。

するかは、明確に定めておくべきです。

⑨　**裁判管轄**

　契約上の争いについて裁判所に判断を求める際には、管轄権を有する裁判所に申し立てます。この管轄は、原則として相手方の住所地を管轄する裁判所になります。しかし、取引の相手方が遠隔地の場合には、不便なため、特約によって便利な管轄裁判所を定めることができます。

⑩　**協議条項**

　規定外の事項が発生したときに備え、協議する旨を入れます。

PART2
3 債権を強くする方法

金銭消費貸借契約

利息を加えた額を返済する

■ 金銭消費貸借契約とは

　消費貸借契約とは、金銭その他の物を借り受け、後にこれと同種、同等、同量の物を返還する契約です。契約を結ぶ際には、通常「金銭消費貸借契約書」「借用証書」「念書」などの書類を差し入れてもらうことになります。

　返済期について期限を定めているときは、借主は期限に返済しなければなりません。期限の定めがないときは、借主はいつでも返還できますが、貸主の方は相当の期間を定めて返還を請求できるだけです。

　また、約定利息を支払う旨の約定があれば、借主は利息も支払わなければなりません。利率を具体的に決めていないときは、商事取引の場合は年6％、民事取引の場合は5％の利息を支払うことになります。

　貸金を返還すべき時期に返還しない場合には、借主は利息を支払う約定の有無とは関係なく、債務不履行に基づく損害賠償として遅延損害金を支払う義務が生じます。損害金の定めは、契約を遵守させる強い力をもちます。なお、当事者間で債務不履行の場合の損害賠償額を定めたときは、それに従うことになります。

■ 利息と遅延損害金の上限

　お金の貸し借りについては、利息制限法が、以下のように、貸主がつけてもよい利息の上限を定めています（1条1項）。
・元本が10万円未満の場合は、年利20％まで

商事取引
企業間の取引、商人間の取引など。

民事取引
一般の貸金など。

遅延損害金
借金が期限通りに返済されなかった場合に課される賠償金のこと。

金銭借用証書サンプル

金銭借用証書

借用金 金八拾萬円也

株式会社□□□□□殿

上記の金額を株式会社□□□□□は、本日確かに次の約定により借り受け、受領しました。

一 上記の借用金の返済期日を平成○○年○○月○○日とします。
一 利息は年□□％とします。
一 借用金およびその利息とも上記の借用金の返済期日までに貸主の住所に持参するか、または送付して支払います。
一 万一当方が本約定に違反した場合は、貸主からの通知催告がなくても当然に期限の利益を失い、直ちに元利金を支払います。
一 連帯保証人△△△△△は、借主の本件債務について保証し、借主と連帯して履行の責を負うものとします。
一 （特約事項）

後日のための本証書を差し入れます。

平成○○年○○月○○日

東京都○○区○○町○丁目○番○号
借主 株式会社□□□□□
代表取締役 □□□□ 印

- 元本が10万円以上100万円未満の場合は、年利18％まで
- 元本が100万円以上の場合は、年利15％まで

　利息制限法は、これらの制限に違反する部分（制限を超える部分）については無効、としているので、利息制限法に定められた上限利率を超える利息を定めることはできません。さらに、債務者が借りたお金を期限までに返せない場合には、利息に加えて遅延損害金を請求することもできます。

　なお、貸金業者などが業務で金銭を貸し付ける場合には、出資法の上限利率が年20％まで下げられています。貸金業者が、年20％を超える割合の利息を受け取る契約をすると、5年以下の懲役または1000万円以下の罰金に処せられます（併科もあります）。元本が10万円以上の貸付けについては、一部グレーゾーン金利が残っていますが、刑事罰の対象とはならなくても、超過分は無効とされ、業務停止などの行政処分となるため、法令を遵守して貸付行為を行わなければなりません。

> **遅延損害金の年率**
> 遅延損害金の年率については、上記の利息についての制限の1.46倍まで有効とされている。

PART2 4 貸金業法

債権を強くする方法

債務者の年収の3分の1を超える貸付けは禁止されている

■ 総量規制に注意する

現在の貸金業法では、債務者の支払能力を超える貸付けを防止するため、債務者の年収の3分の1を超える貸付けが禁止されています。これを総量規制といいます。たとえば、借入申込者の年収が450万円であるとして、その人がすでに他社から100万円を借りている場合、50万円しか貸し付けることができなくなります。

すべての貸付行為が総量規制の対象になるわけではなく、不動産を担保とする貸付けや健康保険法の定める高額療養費の貸付けなど、総量規制から除外・例外とされている契約もあるので、債務者にも契約内容を確認してもらう必要があります。

■ 債務者の返済能力を調査する

債務者に対する過剰な貸付けを防止するためには、貸し手である貸金業者が債務者の返済能力やこれまでの返済状況を正確に把握することが必要です。そのため、貸付けにあたっては内閣総理大臣が指定した信用調査機関が保有する情報を使用して返済能力などの調査を行います。

返済能力の調査は、債務者が個人であっても法人であっても、また、契約が貸付契約であっても保証契約であっても行わなければなりません（契約形態によっては信用調査機関を利用しなくてもよい調査もあります）。

とくに、個人に対する貸付けについては、返済能力の調査の結果、貸付けが債務者の年収の3分の1を超えるような顧客の

総量規制

債務者の年収の3分の1を超える貸付けを禁止する制度。貸金業者からの貸付けを制限するもので、銀行など貸金業者ではないところからの借入れについては対象外である。

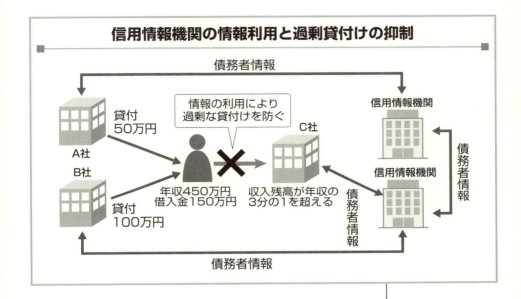

　返済能力を超える貸付けと判明した場合には、総量規制に反し、貸金業者は貸付けの契約を結ぶことはできません。

　また、貸付契約を結んだ場合、貸金業者は返済能力調査の記録を作成し、最終の返済期日まで保存する義務があります。

■ 書面の交付義務について

　貸付契約を行う場合には、契約前に債務者に対して事前に書面を交付することが義務付けられています。債務者（借り手）としては、借入前に書面を確認して返済条件や借入額などを確認することができます。この結果、貸金業者が個人に対して貸付けを行う場合には、契約締結前の事前書面と契約時の書面を交付することが必要です。また、契約内容の重要事項を変更した場合には、改めて書面を交付することが必要です。

　また、貸付契約の保証人となる者に対しても、同様に事前書面と契約時の書面、契約内容の重要事項を変更した場合の書面を交付することが必要です。

PART2 5

債権を強くする方法

深夜・早朝の取立て方法

深夜・早朝の訪問も効果的だが貸金業者は法律の規制に注意

■ 夜や早朝に訪問することはできるのか

　債務者をつかまえるためには、夜遅く、あるいは朝早く相手方を訪問することも必要です。債務者が会社であれば、朝一番に行ってみましょう。始業時に債権者に押しかけられて、一日中粘るぞという態度をとられると、債務者も参ってしまいます。何か譲歩案でもという話になるかもしれません。夜間に債権者が訪問するのは、周囲に迷惑をかけるおそれはありますが、債務者の業種、所在地によっては可能な場合もあります。

　ただ、貸金業者の取立行為については、図（次ページ）のような規制があるので注意しなければなりません。正当な理由もなく午後9時から午前8時までの間は、原則として禁止です。その他、親族の冠婚葬祭時や罹災時など不適切な時期に取立てをすることも規制されています。債務者の勤務先を訪問して、債務者自身または保証人などを困らせたり、不利益を被らせたりする行為は、刑事告訴の対象になりますし、監督行政庁から業務停止などの行政処分を受けることもあります。

■ 直接行動の際の注意点

　債務者の対応次第では、債権回収のために、かなり強圧的な言動をしなければならないことも出てきます。しかし、限界はわきまえておかなければなりません。いくら債権回収が正当な権利行使であるといっても、社会的に相当性を欠くような行為や言動は、場合によってはさらに大きな問題に発展しかねません。人間関係をいたずらに損なうことのないような、世間的に

妻子や親、兄弟などへの支払請求

保証人になっていない債務者の妻子や親・兄弟などの法的に支払義務のない人に対して、支払請求することは禁止されている。

> ## 貸金業者がしてはならない行為
>
> - 暴力的な態度をとること
> - 大声をあげたり、乱暴な言葉を使ったりすること
> - 正当な理由なく、不適当な時間帯に、債務者宅に電話で連絡したりファックスを送達し、または訪問すること
> - 貼り紙、落書き、その他いかなる手段であるかを問わず、借主の借入れに関する事実その他プライバシーに関する事項等をあからさまにすること
> - 正当な理由がないのに勤務先を訪問したり、電話連絡や電報、ファックスを送信したりすること
> - 借金の処理に関する権限を弁護士に委任した旨の通知、または調停その他裁判手続きをとったことの通知を受けた後に、正当な理由なく支払請求をすること
> - 法律上支払義務のない者に対し、支払請求をしたり、必要以上に取立てへの協力を要求すること

も嫌味のない方法で心理的に圧力をかけ、債務者に支払意思を起こさせることができれば上々です。

■ 恐喝にならないように注意する

恐喝とは、脅迫的な手段を用いて相手から金品を巻き上げたり、財産上の不法な利益を得たりすることです。

ただし、債権回収の場合には、一般の恐喝の場合とは異なった問題があります。それは、債権者にはそれを行使するだけの権利があるということと、債務者が失った財産はもともと債務者が支払うべきものだったのではないか、ということです。

結論からいえば、恐喝罪とされる範囲は多少せまくなるでしょう。一口では答えにくい問題ですが、権利の行使であるという正当な目的を有する行為であることをふまえて、当の権利を実現するためにはどの程度までの行為が許されるのか、権利の実現のために用いられた手段が必要であったのか、被害者の対応はどうだったのか、ということを基礎に、具体的に判断されることになります。

PART2 6 信用調査機関の調査の利用法

債権を強くする方法

信用調査機関を活用して会社を守る

■ 信用調査機関とは

新規に取引を開始する場合、相手の支払能力に関する情報を得ることは非常に重要ですが、情報を自力で入手する場合は相当の手間がかかります。そのような場合に利用できるのが「信用調査機関」です。大手の信用調査機関では、年間数百万件の信用調査を行っているため、あらゆる業界に精通しています。

■ 調査のどこを見るか

一般的によく見られる調査項目は資金状況です。その他、売上および利益の状況、支払能力、資金調達力などです。これらが優れていれば、代金の回収等には心配ありません。また、企業活力や規模なども重視されます。企業は経営者の資質により大きく左右されるため、経営者の経営経験、人物評価、資産、納税状況などを重視する場合もあります。さらに、相手企業が抱えている負債を返済する能力を図る安全性、売上に対する利益の比率を見る収益性、または前年からの伸び率から見る成長性などを把握した上で、与信限度額を検討することになります。

調査結果には、客観的なデータと調査員の主観的な情報が含まれています。調査員はトレーニングを積んだ上で第三者の立場としてレポートを作成するため、信用できる情報とはいえ「主観」であることもふまえてレポートを見る必要があります。

■ 取引前の信用調査と限度額の決定

会社と会社の間で行われる掛売り・掛買いという信用リスク

信用調査機関
大手では、東京商工リサーチ、帝国データバンクなどがある。全国に拠点をもっているため、遠隔地の調査も容易である。

与信限度額
取引限度額のこと。取引限度額を設定せずに取引を行うと、リスクが無限に広がる可能性がある。

信用調査の手順

1. 取引先候補の開拓
2. 営業担当者が直接相手を調査
3. 管理部門が間接調査を実施
4. 営業部と管理部門が調査結果を検討
5. 管理部門が調査結果を分析
6. 分析結果を元に営業部門が取引限度額案を作成
7. 管理部門が取引限度額案を検討
8. 管理部門が取引先候補の信用調査を実施する
9. 管理部門は取引限度額案と信用調査の結果、取引開始の可否を営業部門に通知
10. 営業部門は取引限度額の決済・設定を行い、管理部門に通知する
11. 管理部門は条件などの最終確認を行い、取引限度を登録する

を低く抑えるためには、取引に先立ち、取引先の信用調査を行います。信用調査は具体的には上図のような手順で行います。また、取引を開始する場合、契約を締結する前に必ず与信限度額を設定しておく必要があります。取引限度額の設定については、具体的には期限と金額双方の面から限度を設定します。

■ どうして取引するのか明確にする

営業担当者が取引の見込みがある企業を開拓してきた場合、管理部門としては、「なぜ、その企業と取引をするのか」を明確にしておく必要があります。その企業との取引を希望する動機を把握できなければ、信用調査はうまくいかない場合がほとんどです。とくに営業担当者は数字を念頭に動いているため、たとえば期末の在庫処分を目的としてしまい、調査が甘くなる場合があります。取引の動機が十分ではない場合には、取引見込先の調査をまとめた報告書の提出を求め、取引をするかを検討する必要があります。

取引限度額の設定
とくに新規取引先は信用度が未知数なため、慎重に設定する必要がある。

管理部門
経理部や総務部などのこと。会社にとって利益があるか危険がないか、といった視点から業務を捉える部門である。

■ 新規得意先の信用調査を行う

　新たに取引を開始しようと思う企業の信用調査を行う場合は、素早く多くの情報を集める必要があります。とくに営業部門が開拓した取引先候補の場合は、信用調査をクリアした場合に新たな取引へと結びつきます。担当者としては、少しでも早く調査を終えたいところですが、この調査が甘いと後々高い代償を払う危険があるため、冷静かつ正確な判断が求められます。

　また、調査結果は、調査する人の能力によっても左右されます。担当者の調査能力を上げるためには訓練の実施や経験者による現場での指導を行うなどの積極的な取り組みが不可欠です。

　実際に行われる調査には、定性調査と呼ばれ、以下のようなものがあります。

① 　直接調査
　面接・訪問・立入調査
② 　間接調査
　信用調査機関による調査・対象企業の関連企業の調査
③ 　追跡調査
　従業員の入退社状況・取引実績・回収状況の変動調査

■ 調査結果を分析する

　定性調査による調査結果は、的確な分析を行うことで効果を発揮します。たとえば、調査結果にプラス面とマイナス面がある場合、ただ単にプラス評価とマイナス評価を差し引きして出した結果を総合評価として判断するのが正しいとはいえません。また、プラス面が多くてもマイナス面がそれ以上に多い場合や、マイナスの内容がプラス面の内容とは比較にならないほどひどい場合は、その企業との取引を見送った方が賢明です。このように、評価の仕方や判断方法に絶対的なものはなく、調査結果の分析は、営業担当者だけでなく、営業部門・管理部門それぞれの経験豊富な社員も加え、複数の視点から行うことが重要で

調べる必要のある情報

その企業の決算書の分析に加え日々変化している企業の状況も把握することで、より実情に即したものとなる。

管理部の行う調査

客観的な調査と分析を行うのに適しているのは、管理部門である。管理部門は、取引の成立の可否に直接かかわっていないため、冷静な判断を下すことができる。

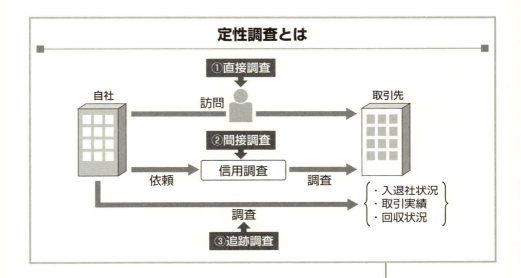

す。これで、分析結果がより客観的なものになります。

■ 信用調査機関を活用する

　信用調査の結果をなるべく客観的なものとするため、信用調査機関に調査を依頼する場合が多くあります。知りたい内容について客観的な情報を提供してもらうためには、依頼する際に重点的な調査事項を明らかにする必要があります。

　調査目的を明らかにした上で、依頼する調査内容を絞り込むようにするとよいでしょう。信用調査機関を利用した場合、調査の相手方に自社が調査をしているということを知られずにすみます。また、不動産登記・商業登記に記載されている登記事項についても、信用調査機関に依頼することができるため、調査の手間を省くこともできます。

　とくに対象となる企業が自社から遠い場所にある場合、自社で調査をすると時間的にも費用的にも負担が大きくなるため、信用調査機関の利用価値は高いといえます。

登記事項の調査

不動産登記や商業登記などの登記事項はそもそも客観的な情報といえる。登記事項の調査の利点は、相手方を訪問する必要がなく、誰が調べても客観的な事実が得られる点である。
不動産登記で調べるべきポイントは、不動産の権利関係（物件の種類・所在地・所有者・面積・担保の設定の有無）と担保関係（担保の有無・取引銀行・担保余力の有無・与信状況）である。
商業登記で調べるべきポイントは、社名・本店所在地・資本金・設立年月日・営業種目・役員である。

PART2　債権を強くする方法

PART2 7 サービサーの活用方法

債権を強くする方法

売掛金の回収を依頼することはできない

■ 業務形態と利用法

サービサーとは、債権者に代わって債権回収を行う専門業者のことです。不良債権処理を促進することを目的に平成10年に「債権管理回収業に関する特別措置法」（サービサー法）が制定され、それまで弁護士にしか許されなかった債権管理および回収業務をサービサーが行ってよいことになりました。サービサーになるには、法務大臣の許可が必要です。

サービサーが扱うことができる債権にも規制があります。金融機関や貸金業者が持っている貸付債権などの特定金銭債権だけです。それ以外の債権、たとえば、売掛金の回収などを頼むことはできません。サービサーは特定金銭債権以外の債権を取り扱えるように承認を受けることもできますが、承認を受けても、支払案内の送付といった法律事務にあたらない範囲でしか業務は認められていません。

サービサーの業務形態は、2種類あります。「委託型」と「譲渡型」です。「委託型」は、債権者から委託を受けて、回収を代行する形態です。債権者は、依頼したサービサーに代行手数料を支払うことになります。一般的には回収できた金額の30～55％程度のようです。回収できた金額をもとに手数料を支払うので、成功報酬型の手数料体系といえます。

譲渡型は、債権そのものをサービサーに売ってしまう形態です。サービサーに債権を譲渡した時点で、その債権は債権者のバランスシートから外せるというメリットがあります。しかし、サービサーがいくらで買い取ってくれるかということになると、

特定金銭債権

サービサー法2条1項に規定されている債権のこと。

サービサーの取り扱う特定金銭債権

特定金銭債権の例
- 金融機関などがもつ貸付債権やもっていた貸付債権
- 金融機関などの貸付債権の担保権の目的となっている金銭債権
- リース契約に基づいて生じる金銭債権
- クレジット契約に基づいて生じる債権
- 法的倒産手続中の者がもつ金銭債権

特定金銭債権にあたらない債権の例
- 取引関係にある会社がもつ通常の売掛金債権
- 賃料債権
- 請負代金債権
- ネット通販などによって生じた債権

 サービサーが関与することができる債権は特定金銭債権に限られる

かなり厳しい金額になることが少なくありません。「どのくらいの金額で買い取ってくれるか」という見積もりをお願いしても、応じてくれるサービサーは少ないのが実情です。サービサーは買い取った債権を回収し、買取額と回収額の差を利益としているからです。

　一般的には、担保つきの債権など、回収確率の高い債権は高く、回収確率の低い債権は安くなります。回収確率が非常に低い不良債権の場合は、額面の2～3％、ケースによっては1％未満でしか買い取ってもらえないこともあります。

　サービサーには、業務範囲や、業務形態によってさまざまな業者がいます。回収したい債権の中身を吟味した上で、最も適当な業者を選ぶようにします。

PART2
8
債権を強くする方法

危険な兆候の見分け方

取引先の動向はしっかりチェックしておく

■ 危険情報を把握する

　取引の相手方の倒産を事前に予知することができれば、実は、債権回収は九分通り成功したも同然です。それには、取引相手の会社についての危険な情報をすばやくキャッチして、これにもとづいて対策を立てておくことが必要になります。

　取引先の危険情報といっても、その情報は相当に信用性の高いものでなければなりません。信用性の低い情報で、出荷を止めたばかりに、取引先を同業他社に奪われてしまっては、商売にはなりません。また、継続的に取引を行っている取引先との取引を当事者の一方が、一方的に解消することは難しく、もし解消するのであれば、相手方が債務を履行しないなどの正当な理由が必要になります。

■ 信用状態が悪化している相手との付き合い方

　取引先に信用状態が悪化している兆候が見えているにもかかわらず、なお総合的に判断して取引を継続することにした場合には、まず、債権額をこれ以上増やさないことが大切です。

　対策の1つは、取引条件を変更することです。取引規模を縮小して、債権額（与信限度額）を引き下げることと、支払期日や支払方法などを、こちらに有利にすることです。

　支払いについては、手形サイトを短縮するなどの方法で支払期間を短くしたり、手形を回し手形に切り換えてもらう、つまり、相手方の優良な顧客が振り出した手形を裏書譲渡してもらったりする方法に切り替えるなどの措置をとることになります。

手形サイト
手形の振出日から支払期限までの期間。

裏書譲渡
手形の裏面に書くことによって行われる手形の権利譲渡のこと。

その他の対策としては、以下のようなことが挙げられます。

・**契約書の作成**

これまで、とくに契約書を交わさずに取引していた場合には、これを機会に契約書を作成しておきます。契約書を取り交わして取引していた場合でも、特約条項が入っていなかったりするのであれば、この機会に、有利な特約を入れた契約書に変更しておいた方がよいでしょう。とくに、当事者間の契約における、債務者のもつ期限の利益を失わせる事由を規定した条項（期限の利益喪失条項）などが重要です。

・**担保の取得**

相手方が所有する資産を調査して、その上で、資産を特定して担保（抵当権を設定するなど）に入れるように要求します。

どんな資産であっても、こちらの負担する費用がそれほどでもない限り、積極的に担保としてとるべきです。

ただし、担保を取得できるなど、こちらに有利な条件を設定できたときには、その後はすぐに取引を打ち切ったりするのは難しくなります。

期限の利益喪失条項の例

当事者間の契約における、債務者のもつ期限の利益を失わせる事由を規定した条項のこと。たとえば、①破産・会社更生手続開始、民事再生手続開始・特別清算開始などの申立てがあったとき、②手形や小切手について1回でも不渡りを出したとき、などといった事由を挙げて、その場合には債務者が期限の利益を喪失する旨の条項を盛り込む。

担保

抵当権や根抵当権を設定すること。

PART2 9
債権を強くする方法

商業登記の見方

登記記録から怪しい会社のサインを見抜けることがある

商業登記の区分

株式会社の商業登記簿は以下のような区分にしたがって編成されている。
・商号区
・目的区
・株式・資本区
・役員区
・役員責任区
・会社支配人区
・支店区
・新株予約権区
・会社履歴区
・企業担保権区
・会社状態区
・登記記録区

■ 商業登記簿とは

　商業登記簿は、会社に関する大切な情報を公開することで、その会社と新しく取引に入ろうとする者が安心して契約締結などをすることができるようになるための制度です。

　商業登記簿には、会社の名称（商号）や本店所在地、株式の状況、役員の氏名や責任、支店の有無、合併など組織再編の事実の有無といった事項が記載されています。

　商業登記簿だけで会社のすべてが明らかになるわけではありませんが、怪しい会社、危険な状態にある会社には共通する事柄がよくあります。債権回収の観点からもその共通する事柄の「サイン」ともいうべきものを見逃さないようにしましょう。

　登記記録を調べたい場合には、法務局で手数料を支払い、登記事項要約書や登記事項証明書を取得することになります。

・商号や本店所在地の確認

　まず、商号については、人でいえば名前にあたるものですから、変更される場合には注意が必要です。会社が発展しているときや、会社の業績が好調で規模を拡大したり、新規参入をしたりしたときに商号を変えることがよくあります。ただし、商号を変更して過去を隠す場合があります。

　次に商業登記簿には、本店の所在地も記載されていますが、会社の営業が好調で安定しているときは、本店の所在地はそう簡単に変えられません。しかし商号と同様で、本店所在地を変えることで会社の過去を隠そうとする場合もよくあります。同じ本店所在地で商号だけ変えている場合に比べると、そのよう

役員区の注意点

- 変更登記がされていない
- 変更登記が頻繁にされている
- 複数の役員の同時辞任
- 役員全員の同時変更

注意点

な会社は、はるかに危険性の高い会社といえます。

・**資本金の状況の確認**

株式会社の資本は、会社の財産を確保するために設けられています。資本金の額が減少している会社は、もともと集めた資金を食いつぶしているおそれがあります。資本を減らしつつ株主への配当を無理に行っている可能性もあります。一方、資本が不自然に増加している場合、物を実際の値段よりも高く見積もって資本として評価している危険性があるため会社の実態と照らし合わせてみる必要があります。

・**役員の状況の確認**

同じ会社であっても実際に経営を担当している役員によって、その会社の実力・信用性は格段に違ってきます。原則として、取締役の任期は約2年、監査役の任期は約4年です。この期間を過ぎても登記されず、放置されている場合は、しっかりした運営がなされているか疑わしい会社といえます。また、短い期間で役員が頻繁に入れ替わっている場合、その会社は経営陣が安定していないか、会社の中で何らかのトラブルがある可能性が考えられます。複数の役員が同時期に辞任している場合や就任の時期が異なっているにもかかわらず、任期満了を待たずして役員全員が変更されている場合も注意が必要です。

PART2 10 不動産登記の見方

債権を強くする方法

すでに設定されている担保権の状況を確認する

■ 不動産登記とは

不動産登記とは、不動産に関する権利義務について、法務局という国の機関に備えている公簿（登記簿）に記載することをいいます。登記簿という物体に記録されている中身のことを登記記録といいます。不動産についての登記の内容を調べる場合、法務局で手数料を支払い、登記事項要約書や登記事項証明書を取得することになります。

> **登記手数料**
> 登記事項証明書を書面で請求する場合、1通につき600円の登記手数料が必要。
> 登記事項要約書を書面で請求する場合、1通につき450円の登記手数料が必要。

■ 登記記録の構成

1つの登記記録は、一筆の土地または1個の建物ごとに作成されます。

登記記録は、土地の場合も建物の場合も、表題部と権利部からなり、権利部は甲区と乙区に分かれます。

・表題部

表題部は、その不動産に関する物理的・外形的な状況が記録される部分です。

建物の登記記録では、その建物の所在、建物の家屋番号、さらに種類・構造・床面積などが記録されています。

土地の登記記録には、土地の所在と地番、地目、地積などが記録されています。

・権利部（甲区）

甲区は所有権に関する事項を記録する部分です。不動産の現在の所有者は、通常、甲区の最後に記録されることになります。所有権に関する登記としては、建物を新築した場合に初めて行

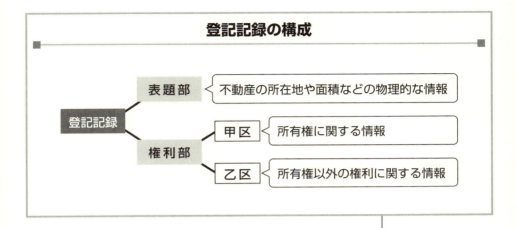

う「所有権保存登記」や不動産が売買された場合などに行う「所有権移転登記」などがあります。

・**権利部（乙区）**

　乙区は不動産の所有権以外の権利に関する事項が記録される部分です。乙区に登記される権利は、用益権と担保権の大きく2つに分かれます。用益権とは、賃借権や地上権など、他人の不動産を利用する権利のことです。担保権とは、抵当権や質権などのように、債権の回収を確実にするために目的物に対して設定され、債務が履行されないときは、目的物を金銭に換えて債務にあてることができる権利です。

　相手が不動産を所有している場合、債権回収という観点からは、その不動産に抵当権が設定されているか、どれだけの債権額が担保されているかなど、担保権の状況を確認しておくことが大切です。先順位担保権の債権額が高額の場合、後順位で抵当権を設定しても、もはや担保としても役割を期待できないケースもあるからです。

　取引の前には、必ず登記記録を調べて不動産の権利関係を慎重に確かめておく必要があります。

PART2 11 貸借対照表の見方

債権を強くする方法

安定している会社かどうかをチェックする

■ 貸借対照表とは

貸借対照表は、企業が事業活動を営むにあたってどれだけの資金を集め、そしてその資金をどのような事業活動に投資し、運用しているのかを示す表形式の書類です。

貸借対照表は、次のように左右に2列に分かれて表わされます。この貸借対照表の右側と左側の各々の合計金額は、必ず一致します。

左側に資産と書かれていますが、これは資金の使い途を表わし、借方と呼ばれます。右側は調達した資金で、貸方と呼ばれます。右上が負債、右下が純資産となります。貸方のうち、負債は他人からお金を借りて作った資金で、将来返済の義務があるものや、前受金のように将来収益となるものなどがあります。

一方、純資産は投資家や事業活動の儲けなどで得た資金で、返済義務のないものです。現預金や不動産など企業が保有する財産のリストが左側、その財産を調達するためのお金の出所が右側に示されていると理解しておくとよいでしょう。

■ 貸借対照表の読み方

「資産の部」は大きく分けて「流動資産」「固定資産」「繰延資産」の3つから構成されています。

「資産の部」を見ると、会社が何にお金を使ったのかがわかります。会社がお金を払って入手した資産が、さらにお金を生み出すためには、上手に活用する必要があります。大枚を払って手に入れた立派な資産も、今後の利益に繋がらなければ、お

B/S

「資産の部」は、「負債の部」と「純資産の部」の合計と常に等しくなることから、貸借対照表は、英語でバランス・シート（Balance sheet）、またはB/S（ビーエス）と呼ばれる。

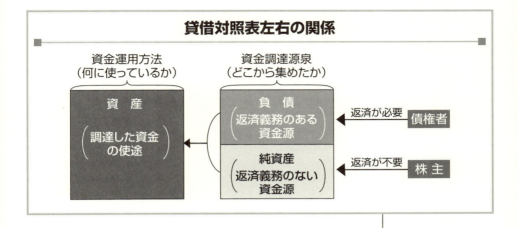

金を寝かせているのと同じで意味がないのです。

「資産の部」については、現金化しやすい流動資産が多いほど望ましいといえます。資産の一覧を眺めて、ムダな買い物がないかをチェックしてみましょう。とくに固定資産です。たとえば全く使用されていない不動産も、売却してお金に換えれば運転資金として活用できます。また、賃貸して運用するというのも1つの方法です。株式等の有価証券は、一度評価を見直してみるのもよいかもしれません。

貸借対照表の右側「負債の部」については、流動負債と固定負債があります。「負債の部」と「純資産の部」は、流動負債よりも固定負債、固定負債よりも純資産が多いという状態がベストです。

貸借対照表における「資産の部」と「負債、純資産の部」はちょうど裏表の関係です。前述したように、「資産の部」については、現金化しやすい流動資産が多いほどよいといえます。言い換えると現金が出ていく要素が少ないほどよい、つまり返済期限の迫っている流動負債はより少なく、また、返済義務のある負債よりも返済義務のない純資産が多い方がよい、という結論につながるわけです。

PART2 12 損益計算書の見方

債権を強くする方法

債務者である会社の経営状況の把握のために活用する

P/L
損益計算書は、英語でプロフィット・アンド・ロス・ステートメント（Profit and Loss Statement）、一般的にはP/L（ピーエル）といわれている。

■ 損益計算書とは

　損益計算書は、経営成績、つまり収益と費用を対応させて記載し、それらの差額としての期間損益を報告するための計算書です。収益から費用を差し引いたものが利益（損失）と表現され、この関係が損益計算書の基本となっています。

　これを計算式で表わすと次のようになります。

　　収 益 － 費 用 ＝ 利 益（マイナスの場合、損失）

　上の計算式における収益、費用、利益は、企業活動の種類によって、①営業活動、②営業外活動、③臨時的・特別な活動の３つの段階に分けて表現されています。

　損益計算書は、企業活動の種類によって得られた利益を①売上総利益、②営業利益、③経常利益、④税引前当期純利益、⑤当期純利益の５段階に分けて表示しています。費用も収益と同じように、損益計算書上、発生原因別に区分して、売上原価、販売費および一般管理費、営業外費用、特別損失を表示しています。そうすることによって、損益計算書を読む人が、「その会社がいくら儲けているのか」ということだけではなく、「何によって利益、あるいは損失を出しているのか」といった、より詳細な情報を読み取ることができるのです。

■ 損益計算書の読み方

　損益計算書で大切なのは、当期純利益の金額そのものだけではなく、その当期純利益が導き出されたプロセスを表すことです。

　つまり、①本業である商品の販売そのものでどれだけの利益

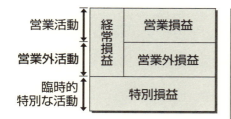

を生み出せたのか、②そこから広告宣伝費・給料・家賃・水道光熱費などの費用を負担しても利益が出ているのかどうか、また、③預金等の利子・配当金の収入、借入金に対する支払利息などを受け取ったり支払ったりした場合に利益がどうなったのか、さらに、④資産を売却した利益等を加味したら利益がどうなったのかを示すプロセスです。本業の儲けを示す利益が大幅なマイナスで、本業以外の資産（土地や建物など）の売却益などで利益を出している会社が健全とはいえないからです。

そのため、損益計算書では、当期純利益が導き出されたプロセスがはっきりわかるように、段階ごとに利益（損失）を計算するようにしています。これによって、本業で利益が出ているのかどうか、どこの段階での経費がかかりすぎなのかの判断ができるわけです。

この結果を分析することによって、債権者は、債務者である会社の経営状況を把握します。

PART2 13

債権を強くする方法

公正証書

金銭消費貸借契約でよく活用される

■ 公正証書には強い証拠力がある

　公正証書とは、公証人という特殊の資格者が、当事者の申立てに基づいて作成する文書で、一般の文書よりも強い法的な効力が認められています。公証人は、裁判官・検察官・弁護士などの法律実務経験者や一定の資格者の中から、法務大臣によって任命されます。

　公正証書には、強い証拠力があり、記載された日付には、その日に作られたという公証力（確定日付）が認められます。

　公正証書を作成するメリットは以下の点にあります。

① **有力な証拠になる**

　公正証書は訴訟において説得力のある有力な証拠になります。原本が公証役場に保管されることになるので、公正証書を紛失した場合にも、証拠を失うことにはなりません。

② **強制執行が可能になる**

　公正証書が利用される最大の理由は、公正証書に与えられる執行力です。債権回収をはじめとする法的な紛争では、最終的に訴訟となり、判決を受けて、これに基づいて債務者の財産に対して強制執行をしますが、強制執行するためには、その根拠となる債務名義が必要です。債務名義には、判決の他に、調停調書や和解調書などがありますが、公正証書も一定の要件を備えれば、債務名義となりうるのです。

■ 公正証書の作成手続き

　公正証書を作成するには、公証役場へ行きます。法人の場合、

確定日付

42ページ参照。

債務名義になる場合

どんな契約書でも公正証書にすれば債務名義となりうるわけではない。これには以下のような２つの条件が必要である。
・請求内容が一定額の金銭の支払いであるか、有価証券の一定の数量の給付を目的とする場合である。
・債務者が「債務を履行しない場合にはすぐに（直ちに）強制執行を受けても文句は言わない」旨の記載（執行認諾約款）があることが必要である。

公正証書の作成方法

申請前に公正証書の作成について当事者の合意が必要

↓

申請書類を再チェック
・公正証書にしたい文面
・法人の場合には代表者の資格証明書や商業登記事項証明書
・印鑑証明書

↓

最寄りの公証役場へ行く

↓

公証人が文書を作成

持っていく必要があるのは、代表資格を証明する商業登記事項証明書、届出代表者印、印鑑証明書（発行日から3か月以内のもの）です。個人の場合は、印鑑登録証明書、実印などが必要となります。当事者本人がこれらを持参して公証役場に出頭し、公証人に公正証書の作成を依頼します。また、代理人に行ってもらうためには、本人が発行した委任状と本人の印鑑登録証明書、さらに代理人の実印と印鑑登録証明書が必要です。

■ 執行証書を作成する際の注意点

執行認諾約款が記載されている公正証書を「執行証書」といいます。執行証書の作成にあたっては以下の点に気をつけることになります。

① 債務の特定

公正証書は、当事者間の契約内容を明らかにするものですから、その記載上、債務が特定されていなければなりません。具体的には、貸金債務については、ⓐ当事者（貸主と借主）、ⓑ貸し借りをした日付（平成〇〇年〇月〇日）、ⓒ金額（金〇〇〇

公正証書作成の手続き

わからない場合には、日本公証人連合会（03-3502-8050）に電話をすれば教えてもらえる。債権者と債務者が一緒に公証役場へ出向いて、公証人に公正証書を作成することをお願いする（嘱託という）。ただし、本人ではなく代理人に行ってもらうことは可能である。

執行証書とは

金銭の一定の額の支払などを目的とする請求について公証役場の公証人が作成する公正証書。執行証書（公正証書）にしておくと、面倒で費用のかかる訴訟を経ずに、強制執行へと進むことができる。

〇円）が記載されていれば、債務の特定は認められるでしょう。
② 債務額が一定していること
　債務者が債務を履行しない場合、有効な執行証書があれば、申立てをしてすぐに強制執行の手続きに入ることができます。債務額についても債務の特定の場合と同様に、公正証書の記載だけから、具体的な金額が判断できなければなりません。
③ 将来の債権について
　債務の特定性が要求されますから、将来発生する債権には、一定の場合を除いて原則として、執行認諾約款をつけることができません。
④ 執行認諾約款の記載が必要
　債務名義を取得するためには、執行認諾約款が記載されていなければなりません。公正証書作成の段階では「債務を履行しないときはすぐに強制執行を受けても異議のないことを認諾する」旨の記載をしましょう。

■ 公正証書作成時に気をつけること

　通常の金銭の貸し借りについては金銭消費貸借、売掛金債権や損害賠償請求権を金銭債務に引き直す場合は準消費貸借契約についての公正証書を作成します。また、製造業者などが販売店などに卸した代金債権などについてその返済方法を改めて決めるような契約を債務弁済契約といいます。この場合も、万が一に備えて、この契約を公正証書にしておきます。なお、金銭消費貸借契約には、以下のような特徴があるので、注意して公正証書を作成してください。
① 契約が成立する要件について
　判例上、金銭を交付していなくても、当事者間の合意だけで金銭消費貸借契約が成立することが認められています。ただ、金銭の交付が遅れると、トラブルの元になりかねませんから、公正証書の完成後、できる限り早く、債務者に対して金銭を交

執行証書を作成するには
債務について、具体的に特定しておく必要がある。とくに同じ債権者・債務者間でいくつかの債権・債務がある場合には、そのうちのどの債務についてのことなのかを明確にしておかなければならない。また、債務額について、公正証書の記載だけをもとにして具体的な金額がわかるようにしておく必要がある。

準消費貸借契約
70ページ参照。

公正証書の作成などに必要な手数料

(平成27年11月現在)

	目的の価額	手数料
法律行為に関する証書の作成	100万円以下	5,000円
	200万円以下	7,000円
	500万円以下	11,000円
	1,000万円以下	17,000円
	3,000万円以下	23,000円
	5,000万円以下	29,000円
	1億円以下	43,000円
	1億円〜3億円以下43,000〜95,000円、3億円〜10億円以下95,000円〜249,000円、10億円を超える場合には249,000円に5,000万円ごとに8,000円を加算する	
その他	私署証書の認証	11,000円(証書作成手数料の半額が下回るときはその額)	外国文認証は6,000円加算
	執行文の付与	1,700円	再度付与等1,700円加算
	正本または謄本の交付	1枚 500円	
	送達	1,400円	郵便料実費額を加算
	送達証明	250円	
	閲覧	1回 200円	

付すべきでしょう。

② **期限の利益喪失約款について**

　期限の利益喪失約款は、債務者が支払いを怠るなど一定の事項があったときは、債権者は残額すべてをすぐに請求することができるようになるという約束です。この他に利息と遅延損害金についても公正証書に記載をしておく必要があります。遅延損害金とは借金が期限通りに返済されなかった場合の賠償金のことです。

　なお、公証人の手数料は、公正証書完成時に現金で支払います。この価格は、公証人手数料令によって一律に規定されています。基本的には、依頼した契約が目的とする金額、たとえば、金銭消費貸借契約であれば借金の額が手数料算出時の基礎となります。目的の価額が100万円までであれば5000円となっています。

> **期限の利益**
> 返済期間がくるまでは返済しなくてもよいという債務者の利益のこと。

Column

準消費貸借に切り替えると時効期間を延長できる

　支払ってもらえない売掛金債権は、準消費貸借に切り換えるという手があります。消費貸借（金銭消費貸借）は、お金の貸し借りのことですが、準消費貸借は、簡単にいえば、もともとはお金の貸し借りではなかったものを、お金の貸し借りをしたことにする、という契約です。準消費貸借契約は、小口の売掛金債権が何口もあるときに、これを1つにまとめたり、支払いの滞っている商品の代金を、「借金」に切り換えたりする場合に、よく利用されます。また、売買代金債権は、一般には2年の消滅時効にかかってしまいますが、これを準消費貸借としておけば、時効期間を延長できます。同様に、約束手形の振出人に対する権利は3年で消滅時効にかかりますが、これを準消費貸借に切り換えておきます。切り換えの際には、債務者との切り換え交渉を通じて、それまでの利息分を元本に含めたり、保証人や担保の提供を受けたりして、それまでにはなかった遅延損害金のとりきめをしておいたりします。この機会をとらえて、債権を補強しておくわけです。

　ただ、せっかく準消費貸借に切り換えても、基礎とされた債務が存在しなかった場合には、準消費貸借も効力を生じません。たとえば、基礎とされた売買代金は実は支払いがすんでいるものであった場合などです。債権者としては、基礎とされた債権に関する書類などは、捨てずに保存しておく必要があります。

　準消費貸借は、当事者が合意して、債務原因を変更するものなので、当事者が反対していない限り、旧債務の抗弁などが新債務に引き継がれます。たとえば、売買代金についている同時履行の抗弁権は、準消費貸借にした後の新債務についても、特別の事情がない限り主張できます。さらに基礎とされた債務に伴っていた担保や保証などは、原則として存続するとされています。

PART 3

手形や担保・保証の法律知識

PART3 1　手形取引の基本

手形や担保・保証の法律知識

信用で支払いを先に延ばすしくみ

■ 手形には２種類ある

　手形とは商取引における決裁手段であり、一定の金額の支払を約束したり、委託したりする有価証券です。手形法では、手形は約束手形と為替手形の２種類に分けられています。

　約束手形とは、手形の振出人が一定の期日に一定の金額を受取人に対して支払うことを約束した有価証券です。かかわっているのは振出人と受取人の二者です。一方、為替手形とは、振出人が手形に記載されている金額の支払いを第三者（支払人）に委託し、受取人に対して支払ってもらうというものです。為替手形には振出人、支払人、受取人の三者がかかわっています。

　手形取引には、すぐに現金が用意できなくても商品の購入が可能となることで、商機を逃さずにすむというメリットがありますが、残高不足などの理由で手形金の支払が滞ると、不渡りというペナルティがあります。手形の受取人は、他人に手形を譲渡することも可能です。

■ 裏書人に請求できる

　手形は売買契約などが原因となって振り出されます。その後手形の受取人から譲受人へ裏書譲渡され、何度かの裏書を繰り返した後、支払期日に振出人に請求されます。

　振出人が何らかの理由で支払えなかったときは、所持人は裏書をした裏書人に遡求することができます。裏書人が手形金を支払った場合には、手形金と引き換えにその手形を受け取り、振出人や、裏書譲渡が繰り返されていれば、前の裏書人に対し

不渡りが生じた場合
支払金融機関と取立金融機関から手形交換所に連絡され、手形交換所を通じて加盟しているすべての金融機関に不渡りの事実が連絡される。さらに、６か月以内に２回目の不渡りを出すと銀行取引停止処分というペナルティを課されることになる。

遡求
手形所持人が裏書人に対して手形金の支払いを請求すること。

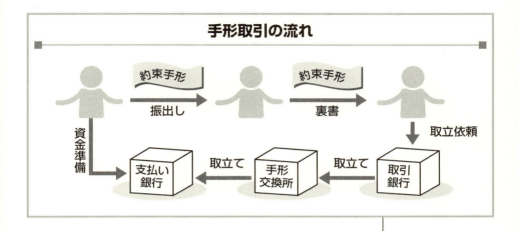

て手形を呈示し、手形金の支払いを求めることになります。

　手形の裏書をするときは、自分も手形債務を支払う危険があるというリスクを十分承知しておく必要があります。

■ 手形貸付とは

　手形割引とよく似ている制度に手形貸付があります。手形貸付とは、金銭を借りるにあたって、借用紙の代わりに担保として手形を差し入れることです。手形を差し入れた債務者は、返済期限に利息をつけてお金を返さなければなりません。その際、貸付金額が利息を加えても手形金額未満の場合には、手形金額から貸付金額と利息を差し引いた金額が債務者に返還されることになります。

手形貸付け

利息制限法上、金利の上限は、元本が10万円未満だと20％、10万円以上100万円未満だと18％、100万円以上は15％と定められており、この制限を上回る利率の契約をしても超過部分は無効である。

■ 売掛金・未収金の手形化

　売掛金や未収金を手形で受け取るのは、債権を管理したり、回収したりする上で便利な面があります。具体的には、以下の4点が挙げられます。

① **支払いの確実性が増す**

　手形を決済できないと不渡りとなり、2回続くと、銀行取引

が停止されます。事実上の倒産です。このような状況にならないために債務者は支払おうと努力することになります。

② **取立が簡単な手続きですむ**

手形であれば、債権回収は取引銀行に取立を依頼するだけでよいので、取立手続きが簡単です。

③ **訴訟手続きも簡単にできる**

手形が不渡りになり、訴訟になった場合も、手形訴訟という簡単な手続きで解決できます。早ければ、提訴から3か月程度で判決を得ることもできます。

④ **簡単に譲渡できる**

手形は、裏書することによって他人に譲渡できます。また、支払い期日前であっても、金融機関に割引を頼めば、現金化することもできます。ただし、譲渡や割引後に手形が不渡りになった場合は、譲渡人がすべて買い取らなければなりません。

■ 単名ではなく回り手形に

手形の利便性として、「簡単に譲渡できる」点があります。これを利用して、より確実に手形の決済ができるようにすることも可能です。回り手形にしてもらうのです。回り手形にしてもらうことで、仮に裏書人である取引先が倒産しても、振出人である第三者に決済を要求できます。

また、取引先が振り出した手形であっても、第三者から手形保証をしてもらったり、裏書してもらったりする方法があります。これも、第三者が支払いの責任を負うという意味で回り手形と同じ効果が得られます。

回り手形を振り出してもらうときの注意点は、手形の決済を保証してくれる役割を担う第三者に決済をするだけの資力があるかを確認しておくことです。保証してくれる立場の人が無資力では保証の意味がないからです。

回り手形

第三者が振り出し、取引先が裏書きした手形のこと。これに対し、取引先が振り出した手形のことは単名手形という。

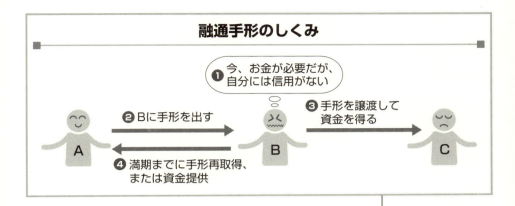

融通手形とは

　たとえば、資金繰りに困っているものの、自分には信用がないため手形を振り出すことが困難なBに、お金を貸してあげる手段として、AがBに対して手形を振り出すような場合があります。このようにして振り出された手形を融通手形といいます。手形の交付を受けたBは、その手形を誰かに譲渡したり、銀行で割り引いてもらうことで現金を得ることができます。

　融通手形の受取人は、振出人に損をさせないように満期までに振出人にお金を返済するのですが、そもそも自分に信用がないため他人に手形を振り出してもらっている人が、きちんと資金を返済できるとは限りません。そのため、銀行では融通手形だと判明すると、手形割引には応じないことも多いようです。資金繰りに苦しくなった債務者が、知り合いの業者と手を組んで融通手形を振り出す可能性もあります。

　融通手形かどうかを判断するポイントとしては、まず振出人と受取人の間に手形を振り出すような取引関係があることが考えにくいような場合には注意が必要です。また、債務者の資金状況から考えて手形金額が大きすぎる場合にも注意しなければなりません。振出日や支払期日、支払銀行に不審な点があるときにも気をつける必要があります。

商業手形担保貸付

銀行が、多数の小口商業手形を割引く手間を省く意味で行っているのが商業手形担保貸付である。商業手形担保貸付は、通称「商担手貸」と呼ばれており、銀行が小口の商業手形をまとめて担保とし、現金の貸付けを行うことである。商業手形担保貸付では、担保に出す手形の他に、銀行を受取人とする約束手形を振り出さなければならない。銀行は、担保した手形の決済で入金した分を貸付金の回収に充てる。そして、全額が返済された時点で約束手形を戻す。

PART3 2 手形債権のジャンプ

手形や担保・保証の法律知識

ジャンプと引き換えに遅延利息・保証・裏書を要求する

■ 手形のジャンプとは

　親しい取引先や、大口の取引先が、すでに発行している手形の支払期日の延期（いわゆるジャンプ）を求めてくることがあります。

　手形のジャンプとは満期日（支払期日）を延ばしてもらうことで、手形所持人が手形を呈示する前に行われます。これには2つの方法があります。1つは手形に書かれている満期日を訂正する方法です。もう1つは新しい満期日を記載した手形を新たに振り出す方法で、手形の書換えと呼ばれています。ただし、支払いを延期するために、満期日を訂正する場合には振出人・所持人だけでなく、中間裏書人の訂正印が必要です。

　手形のジャンプの依頼は、手形債務者の危険な兆候を表していると考えてよいでしょう。というよりむしろ、倒産一歩手前といってもよいぐらいです。このようなことが行われるのは、次の手形を決済するための資金繰りがつかないためで、この取引先は1か月以内には倒産する危険が高いといえます。その場合には、こちらの取引額が少額であれば、ジャンプには応じずに、あえて手形の取立てを強行すると、うまく決済できることもあります。これは、他の大口の債権者に手形のジャンプを依頼して、ジャンプに応じてくれたために、小口の手形が決済されるからです。冷静な判断が必要になる場面といえるでしょう。債権者である手形の所持人としては、振出人の経営状態についての情報をあらかじめ入手することが大切です。

危険な兆候のキャッチ

何らかの理由で取引先の支払手形について発行残高の推移が判明すれば、危険な兆候をキャッチできる。
売上規模に比較して、不相当に多額な支払手形残高があるときは、融通手形を交換して、資金繰りをしのいでいる可能性が高いといえる。事前にどれだけ確実な情報を収集できるかがポイントだといえる。

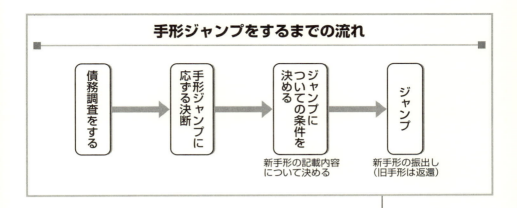

■ ジャンプの原因を把握する

　手形のジャンプを依頼された場合、手形債権者としては、ジャンプの原因を把握しなければなりません。

　まずは、手形債務者である振出人に支払う意思の有無や支払える日時を問う必要があります。振出人の資産状況を確認し、回収できる方法を探しておきます。振出人に支払いを約束させ、それを公正証書にしておくなどの準備も怠らないようにします。

　また、保証人をつけるか担保を提供するように求めることも重要です。公正証書の作成もさらに、新たに約束した支払を守らなかった場合に強制執行などの手続きがとれるように準備します。

　ジャンプの要請は原則として断るべきでしょう。ジャンプの原因が一時的なものであればジャンプに応じても問題はないかもしれません。むしろ、今後の付き合いも考えて、支援することにより恩を売ることもできます。ただ、経営の実態が赤字続きで将来的にも改善の見込みがないということになれば、今後の取引停止も含めて検討しなければなりません。その際には、手形債務者との関係、手形債務者を支援する銀行の存在などを考慮するとよいでしょう。

PART3-3 不渡り

手形や担保・保証の法律知識

銀行取引停止処分を受ける可能性もある

■ 手形の不渡りとは

不渡りとは、簡単に言うと手形の呈示がなされたにもかかわらず手形金が支払われないことです。

本来、手形は満期日や金額などを定めて振出人が振り出します。手形を交付された人は、別の人にその手形を裏書譲渡します。裏書譲渡された人がまた別の人に裏書譲渡をする、というように、手形は流通していきます。そして支払呈示期間に、その手形を持つ人が自分の取引銀行に手形を持っていき、取立てを依頼します。取立てを依頼された銀行を取立銀行といいます。

取立銀行は手形交換所で手形を呈示し、振出人の取引銀行である支払銀行に支払を求めます。呈示を受けた支払銀行は、振出人の当座勘定（預金）口座から呈示された金額を支払います。こうして振り出された手形は、無事決済されることになるのです。ところが、取立銀行が手形交換所で手形を呈示したにもかかわらず、支払銀行が支払を拒絶することがあります。その結果、手形金が支払われず、不渡りになります。呈示した手形が不渡りになった場合には、不渡付箋がつけられた手形が取立銀行に返却されます。取立銀行は付箋をつけたまま手形所持人に手形を返却します。支払拒絶の理由は不渡付箋に記されているので、不渡りとなった手形を受け取った手形所持人は、付箋に書かれている内容を確認し、今後の対策を考えることになります。

■ 不渡りになる原因には３事由ある

不渡事由は、原因によって３つに分類されています。

支払呈示期間
満期日とそれに続く２取引日のこと。この期間に手形を金融機関に呈示すると、支払いを受けることができる。

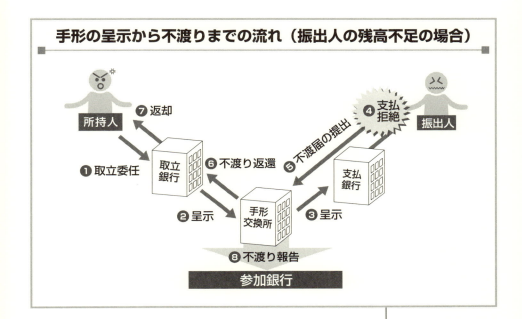

・0号不渡事由

　0号不渡事由は、手形所持人が呈示したときに、その手形の呈示が適法に行われていない場合に生じるものです。たとえば、手形の形式に不備がある場合や、手形が支払呈示期間中に呈示されていないような場合です。また、裏書が連続していない場合も0号不渡事由とされます。

　0号不渡事由の場合、振出人には何の責任もありません。したがって、0号不渡事由の場合には、不渡届は出されません。不渡付箋に書かれた内容が0号不渡事由だった場合、手形所持人は補える不備については補って再度呈示を行う必要があります。

・1号不渡事由

　振出人の資金不足のような、不渡りになった原因が一方的に振出人に存在する場合は1号不渡事由といいます。

　具体的には、ⓐ満期日に口座に入っている金額が手形金の額よりも少なく、残高不足により支払銀行が支払いができないよ

うな場合や、ⓑ手形の振出人である会社がすでに倒産してしまっているような場合です。

このような事態が安易に生じてしまうと、手形取引の信用低下という悪影響をもたらすため、1号不渡事由となった振出人は厳しい制裁を受けます。まず、不渡届が出され、異議申立てもできません。不渡届や不渡報告でその事実を知った金融機関は、その振出人に注意します。また、一度不渡りを出してから6か月以内に再び同じ振出人が不渡りを出してしまうと、その振出人は銀行取引停止処分を受けます。銀行取引停止処分は不渡処分とも言われます。この処分を受けると、2年間銀行との間で当座勘定取引と貸出取引を行うことができなくなり、会社は事実上倒産してしまいます。

・2号不渡事由

0号不渡事由、1号不渡事由以外の理由で不渡りとなる場合を2号不渡事由といいます。

たとえば、手形をだましとられたような場合や、紛失した手形や盗まれた手形が呈示された場合、詐取・紛失・盗難により取得された手形について、振出人が支払う義務はないとして拒絶する場合があります。

2号不渡事由の場合には、基本的に不渡届が出されます。これは、一応は振出人が支払わなくてもよいと思われる理由で支払拒絶がなされているものの、その理由の正当性については明らかではないためです。ただ、1号不渡事由のように確実に振出人の一方的な責任によるものではないため、振出人には異議申立てを行うことが認められています。2号不渡事由の場合には、その支払拒絶の正当性については、最終的には手形訴訟で決められることがほとんどです。

■ 振出人が支払えない場合

不渡りとなった場合、手形所持人は振出人だけでなく、裏書

2号になるその他の例

振出人は商品の代金を支払うために手形を振り出したが商品を受け取っていないという場合など。こうしたケースの場合、契約不履行であるとして、振出人は受取人からの支払請求を拒絶できる。

手形の不渡事由

名称	不渡りとなる原因	不渡処分の有無
0号不渡事由	手形の記入漏れ、裏書の不連続など	不渡処分を受けない
第1号不渡事由	振出人の支払能力の欠如など	不渡届が提出される
第2号不渡事由	0号、第1号に該当しないものすべて（紛失・盗難手形が呈示されたため、支払が拒絶された場合など）	不渡届は提出されるが、振出人は異議申立てを行うことができる

人に対しても支払いを求めることができます。

遡求権を行使するためには、手形を呈示した日の4取引日の間に、裏書人にそのことを通知することが必要です。この通知を不渡通知といいます。不渡通知をしなくても遡求権の行使は認められますが、通知をしなかったために裏書人が不利益を被った場合に、請求金額が減額する可能性があります。

不渡通知を行う裏書人は手形所持人の直接の裏書人です。不渡通知を行った手形所持人は、裏書人に対して手形金の支払請求をします。裏書人が複数いるときには、自分の直前の裏書人に対して行ってもかまいませんし、それより前の裏書人に対して請求してもかまいません。手形金支払の請求を受けた裏書人は、手形所持人に対して手形金を支払わなければなりません。

このとき裏書人が手形所持人に対して支払う金額は、手形金の金額だけでなく、満期日以降に生じた利息、不渡通知にかかった費用なども加えたものになります。裏書人が支払いを拒んだ場合には手形訴訟の提起を検討することになります。

遡求権
手形所持人が裏書人に対して手形金の支払いを請求する権利のこと。

直接の裏書人
手形所持人が手形の交付を受けた相手のこと。

再遡求権の行使
手形所持人の遡求に応じた裏書人は、今度は自分より前の裏書人や振出人に対して、支払請求をしていくことになる。この請求を再遡求権の行使という。
このように、手形が不渡りになると、順次遡って手形金の請求が行われていき、最終的には振出人が請求されることになる。

PART3 4 担保

手形や担保・保証の法律知識

抵当権を設定したら必ず登記手続きをすること

■ 担保とは何か

　銀行などの金融機関が多額の融資をする場合は、相手方から確実に代金を回収できるようにするため、融資に際して何らかの担保をとるのが取引社会の常識です。

　仮に、相手方が倒産したような場合には、「一般債権者」（担保をとっていない債権者のこと）よりも、抵当権などをもつ担保権者が優先して債権を回収できるからです。このように契約の相手方が倒産するなどして、返済が困難になった場合のリスクを回避する手段として、担保制度が活用されるのです。なお、担保をつけられた債権のことを被担保債権と呼びます。被担保債権は、売買代金・請負報酬・貸金債権などの金銭債権であるのが通常です。

■ 人的担保と物的担保

　貸金などを担保するための制度として、「保証」があります。たとえば、金を貸している債権者は、債務者本人の財産に加えて、保証人という第三者の財産も引き当てとすることができます。債務者の資力に不安がある場合に、資力がある人を保証人とすることで、債権の回収を確実にします。保証は、保証人という「人」の財産を担保とする制度であることから、人的担保と呼ばれています。

　債務者以外の第三者（保証人）の財産が担保となる保証に対して、債務者本人または第三者のもつ特定の財産を担保とする制度があります。代表的なのは、土地や建物を担保とする抵当

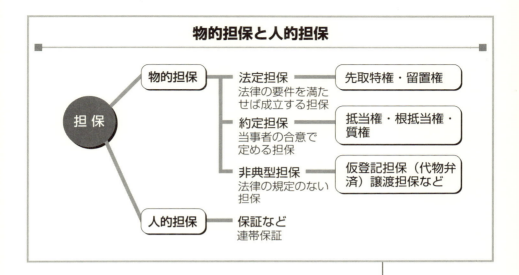

権です。その他に、質権や譲渡担保、仮登記担保などがあります。これらは、債務者または第三者の特定の財産つまり物を担保とすることから、物的担保と呼ばれます。物の価値はある程度一定していますので、担保としては確実性・堅実性があるといえます。

物的担保は、留置権など法律上当然に発生する「法定担保物権」と抵当権や質権など当事者間の合意（契約）によって担保権が発生する「約定担保物権」に分けられます。さらには法律に規定のない「非典型担保物権」もあります。

■ 担保の種類

債権をより強くする方法としてはいろいろなことが考えられます。たとえば、銀行などの金融機関が多額の融資をする場合は、相手方から確実に代金を回収できるようにするため、融資に際して何らかの担保をとるのが取引社会の常識です。仮に、相手方が倒産したような場合には、一般債権者よりも、抵当権などをもつ担保権者が優先して債権を回収することができます。

物的担保の長所と短所

物的担保の長所は、他の債権者に優先して債権の回収を実現できるという点にある。たとえば、抵当権が土地に設定されている場合、他に一般債権者が多数存在したとしても、抵当権者が優先して配当を受け、一般債権者はその残額から債権額に応じて配当を受けることになる。

ただ、物的担保はこれを主張するためには原則としてその存在を登記などで世間一般に公示する必要がある。また、強制執行の場面においても、差押え・競売などの法的な手続きが要求される。

このように契約の相手方が倒産するなどして、返済が困難になった場合のリスクを回避する手段として、担保制度が活用されます。そこでそれまで債権に担保がついていなかったのであれば、これを要求します。抵当権、根抵当権、代物弁済の予約などの物的な担保でもよいでしょうし、債務者が会社であれば、社長や専務の個人保証をとりつけるのもよいでしょう。

担保には当事者の合意によって成立する約定担保と、法律が定める一定の場合に当然に成立する法定担保があります。一般に「担保をとる」という場合の担保は、約定担保のことを指しています。

① 抵当権・根抵当権

抵当権は、債務者に対する特定の債権の回収を確実にするために、債務者または第三者の不動産に設定するものです。根抵当権は、抵当権の特別のもので、債権者・債務者間で増減変動する一定の範囲に属する多数の債権を、極度額という一定の金額の範囲内で担保するものです。いずれも、担保目的物は債務者の使用・収益に委ねておきますが、債務者が債務の履行をできない場合には、（根）抵当権を実行すれば、担保目的物を競売にかけて、その売却代金の中から、他の債権者に優先して弁済を受けることができます。

② 質権

質権は、担保目的物の占有を債権者に移転し、債権者が弁済を受けるまでは留置して、間接的に弁済を強制するとともに、弁済がない場合には、この目的物から優先して弁済を受けられるというものです。おもに動産が対象になります。

③ 譲渡担保

債権者にも債務者にも便利な担保権は抵当権なのですが、その規制は法律で厳格に定められています。そこで、抵当権の利便性をいかしながらも、もう少し制約の緩やかな担保の手段が取引の世界では要請されてきました。そこから生まれたのが、

社長個人の保証をとりつける場合

会社が倒産した場合、会社に財産はなくても、社長個人には財産があるという場合がある。取引先に悪い噂が立ったり、返済の約束を破ったりした場合には、個人保証を要求するチャンスだといえる。会社と社長個人は本来別人格だが、この機会を捉えて、社長個人にも保証人になってもらうように要求すべきである。

（根）抵当権は登記する

（根）抵当権を設定した場合には、対抗要件を備えておくことが必要である。対抗要件とは、当事者間で行った法律行為の効果を当時者以外の第三者に主張するために必要な要件である。（根）抵当権を設定した場合には、そのことを登記しておかないと、当事者以外の第三者に、抵当権の存在を主張することはできない。また、担保目的物の担保価値の査定は、慎重に行うことが必要である。担保価値の査定が甘いと不良債権を作り出すことになってしまう。

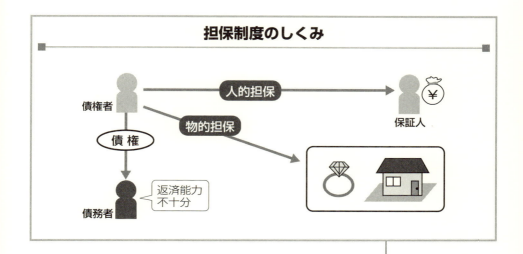

譲渡担保という担保方法です。これは、担保目的物の所有権を債権者に移転して、それを債務者が引き続き借りておくという形のものです。譲渡担保は、工場に備えつけの機械や、倉庫に保管してある在庫商品など、債務者に使用を許したまま担保としてとる要請がある場合に、広く利用されています。

④ 所有権留保

売買契約において、売買代金が支払われるまで、売買目的物の所有権を売主に留保するという担保方法です。買主の代金不払いのときには、売主は所有権に基づいて目的物を取り戻し、代金に充てることができますから、代金債権を担保することになります。

⑤ 仮登記担保

債務の履行を怠ったとき、当然あるいは債権者の意思表示によって所有権が債権者に移転する契約です。仮登記することによって発生する担保権です。競売の申立てはできませんが、他の債権者の申立てによる競売開始後は、仮登記のまま優先的に配当を受けることができます。

PART3-5 保証契約

手形や担保・保証の法律知識

債務者が弁済できないときに支払うことになる

■ 保証とは

　保証は、主たる債務が返済されない場合に、債権者が保証人に保証債務を請求することで債権の回収を実現する制度です。保証には普通の保証と、より責任が重い連帯保証があります。

　保証をする場合には、債権者と保証人の間で保証契約を結ぶ必要があります。保証契約は書面で締結する必要があります。

　保証契約は独立した契約ですが、あくまでも主たる債務の担保を目的としているので、主たる債務に従属するという特徴があります。まず、主たる債務が問題なく返済されれば、保証債務も目的が達成されたことになるので、消滅します。また、債権が譲渡されて主たる債務の債権者が変わった場合には、保証債務も主たる債務とともに移動し、新しい債権者に対して保証債務を負うことになります。さらに、あくまで主役は主たる債務なので、保証人は債権者から保証債務の履行を請求された場合には、①催告の抗弁、②検索の抗弁の、２つの言い分を主張することが認められています。

■ 保証人への保証料の支払い

　保証は保証人と主債務者との特殊な信頼関係に基づいて行われるものです。保証人が破産等をした場合、破産手続開始などの申立て前の無償行為は無条件で否認されることがありますから、否認を防ぐために主債務者から保証人に保証料を支払ってもらい、有償行為にしておくとよいでしょう。

連帯保証が求められる理由

いずれも債務者が債務を履行できない場合に、債務者に代わって保証人が債務を履行する責任がある、という点では同じだが、普通の保証人には、催告の抗弁権、検索の抗弁権がある。また、普通の保証人が複数いたとしても、これらの保証人には、原則としてその頭数で割った分しか保証義務はない（分別の利益）。これらの抗弁権や、分別の利益は、債権者にとっては意外に厄介である。

連帯保証の特徴

保証には、普通の保証と連帯保証とがあるが実際にはほとんどの場合、連帯保証の形になっている。社長に個人保証をしてもらう場合にも、連帯保証にするのがよい。保証人と連帯保証契約を結ぶ場合、以下のような連帯保証契約書を作成する。なんといっても大切なのは「連帯」の二文字である。同時に、遅延損害金の利率や期限の利益について明記するとよい。

否認

債権者に損害を与えたり一部の債権者だけに返済するような行為を破産管財人が否定すること。

保証と連帯保証の違い

	普通保証	連帯保証
主債務が消滅した場合	保証債務も消滅する	連帯保証債務も消滅する
主債務の時効中断	保証債務の時効も中断する	連帯保証債務の時効も中断する
催告の抗弁権の有無	ある	ない
検索の抗弁権の有無	ある	ない
保証人に対する請求	主債務の時効は中断しない	主債務の時効も中断する
保証人の分別の利益	あり	なし（判例）

* 分別の利益とは、保証人が数人いる場合、各保証人は、債務額を平等に分割した額についてだけ、保証債務を負担すること

■ 債務引受という方法もある

債務引受とは、第三者に相手方の債務（支払）を引き受けてもらうというものです。別個の債務を負担することになる保証と異なり、相手方の債務をそのまま引き受けるというのが債務引受です。相手方に代わって債務を引き受ける方法が、免責的債務引受であり、相手方とともに債務を引き受ける方法が、併存的債務引受です。債権者にとって有利なのは併存的債権引受の方法です。

■ 根保証を取得する

通常の保証の場合は、取引を行うたびに保証の契約を締結し直す必要があります。しかし、根保証の場合は、日々変動する取引上の債務がまとめて保証されるため、継続的な取引が終了するまで何度も適用されるという利点があります。根保証においては、その根保証が、個人が債務を保証するものであって、主たる債務の範囲に金銭の貸し渡し（借金）や手形割引を受けることによって負担する債務が含まれている場合には、書面により保証の限度額（極度額）を定めておく必要があります。

催告の抗弁権
債権者が保証人にいきなり請求してきた場合に、まず債務者に請求するよう主張できる保証人の権利のこと。

検索の抗弁権
債権者がいきなり保証人に請求してきた場合に、「まず主たる債務者の財産に執行せよ」ということができる保証人の権利のこと。

抵当権

物的担保の代表格

■ 抵当権とは何か

抵当権とは、貸金などの債権を担保するために、債務者（第三者も含む）の土地や建物に設定される権利です。債務者が債務を返済しない場合には、抵当権者（＝債権者）は、抵当権設定者（＝債務者）の土地・建物を競売し、その売却代金から債権の回収を図ります。

抵当権には、抵当権設定後も債務者が従来通りに目的物を使用・収益することができ、そこから債務の弁済資金を得ることができるという利点があります。なお、抵当権には、大きく分けて通常の抵当権と根抵当権の２種類があります。一般に抵当権という場合には、通常の抵当権のことを指します。

■ 抵当権の効力

抵当権の一番重要な効力が優先弁済権です。これは、債務者が返済しないときに、抵当権の設定された不動産を換価処分（＝競売）して、その代金から他の債権者に優先して債権の弁済を受けられるという効力です。さらに、抵当権の登記がなされているのであれば、抵当権の設定された不動産を債務者が第三者に売却しても、その不動産に対する抵当権の効力は第三者のもとにも及びます。

また、抵当権には物上代位という効力も認められています。これは、抵当権の目的物に代わる金銭にも抵当権の効力が及ぶというものです。

物上代位

たとえば、抵当権の目的物である建物が火災により滅失したために、火災保険金が債務者に支払われるとする。このとき、抵当権者はその火災保険金を差し押さえて、自己の債権への優先的な弁済に充てることができる。

■ 抵当権を設定する

抵当権は、貸金債権などを担保するために設定されます。抵当権によって担保される債権のことを被担保債権といいます。

たとえば、AがBに5000万円の貸金債権を持っていたとします。これについて、抵当権を設定するには、AとBが抵当権設定契約を締結して、抵当権の登記をします。その結果Aは5000万円を被担保債権とする抵当権をBに対してもつことになります。その後、Bが5000万円を弁済した場合には、Aがもっていた抵当権は消滅することになります。

なお、原則的ではない抵当権の設定方法として物上保証と共同抵当があります。

① 物上保証

物上保証とは、債務者以外の第三者が所有する目的物に抵当権を設定することです。

② 共同抵当

共同抵当とは、1つの債権を担保するために複数の不動産に抵当権を設定することをいいます。債務者の1つの土地だけでは、債権額を担保するのに不十分な場合や、土地とその上の建物の両方に抵当権を設定する場合などに利用します。

物上保証人

たとえば、AがBに対して5000万円の貸金債権をもっている例で借り手であるB所有の不動産に抵当権を設定するのではなく、第三者CがC所有の土地にAの抵当権を設定することもできる。Cのように他人の債務を担保するために自己の不動産に抵当権を設定させる者を物上保証人という。

共同抵当の例

たとえば、AがBに5000万円の貸金債権をもっているとする。このとき、Bが所有する甲地の評価額が3000万円で、乙地の評価額が2000万円だとすれば、甲地・乙地は単独では債権の担保として金額が不足している。しかし、甲地と乙地とに「共同抵当」を設定すれば、あわせて5000万円の評価額となり、被担保債権を担保するのに十分な金額になる。このような共同抵当では、Bが貸金債権を返済しない場合には、Aは甲地と乙地の両方を競売することができる。

PART3 7 根抵当権

手形や担保・保証の法律知識

継続的な取引の債権を一括して担保できる

■ 根抵当権について

　根抵当権とは、一定の範囲にある不特定の債権を、限度額（極度額）まで担保する形式の抵当権です。通常の抵当権は、被担保債権が個別に特定されており、その債権を担保するために設定され、その債権が弁済などで消滅すれば抵当権も消滅します。これに対して、根抵当権では、一定の範囲に属する債権であれば、個々の債権を特定することなく複数の債権を極度額に至るまで担保することができます。

　さらに、通常の抵当権と異なり、被担保債権の金額がゼロになっても根抵当権は消滅しません。つまり、根抵当権は極度額という「枠」を設定して、その枠内であれば、被担保債権が増減したり入れ換わったりすることのできる権利です。根抵当権は、継続的な取引をしている債権者が債務者に対する債権を一括して担保するのに有益な制度です。

■ 根抵当権を設定する

　根抵当権は、一切の債権を担保するなどという包括的な定めはできません。根抵当権は、債務者の不動産に一定の担保「枠」を設定するものですから、その金額（極度額）も根抵当権の設定に際して決めなければならず、極度額も根抵当権設定登記の内容となります。

　根抵当権には、極度額という枠が設定されますが、実際の被担保債権は常に変動しており、担保される債権は一定の範囲のものに限定されます。ですから、根抵当権の設定に際しても、

根抵当権の設定の例

たとえば、A社とB社が継続的に取引をしており、A社がB社に対して常に売掛金債権をもっているとする。そして、個々の売掛金債権が増減したり入れ換わったりするような場合には、根抵当権の被担保債権の範囲（債権の範囲）を「平成○年○月○日商取引契約」というように決定し、その契約から生じる債権を被担保債権とする旨を根抵当権設定登記の内容とする。

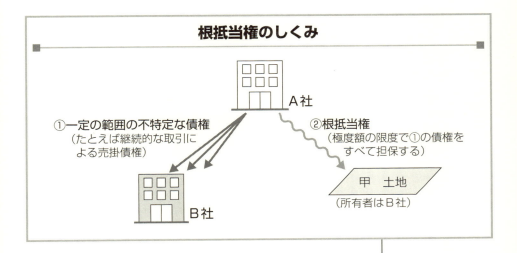

被担保債権の「範囲」と「極度額」を定めることが必要になり、それらが登記事項とされているのです。

なお、被担保債権を特定するためには債務者が誰かがわからなければなりません。そのため債務者も登記事項とされています。

■ 元本を確定する

根抵当権は元本の他、利息・遅延損害金をすべて極度額まで担保します。元本は一定の事由があると確定します。

元本が確定すると、その額の債権を被担保債権とする通常の抵当権とほぼ同様に扱えます。また、確定期日を定めていないときは、根抵当権者や根抵当権設定者が「元本確定請求」をした場合にも根抵当権の被担保債権は確定します。根抵当権者は、いつでも元本確定請求をすることができ、根抵当権設定者は根抵当権を設定した日から3年を過ぎたときに元本確定の請求をすることができます。ただ、根抵当権設定者の場合、元本が確定するのは、請求時から2週間後になります。

なお、根抵当権者や根抵当権設定者による「元本確定請求」は、確定期日を定めている場合にはできません。

元本の確定

たとえば、極度額が6000万円の根抵当権について元本が5500万円と確定されたのであれば、その後は5500万円の債権を担保する通常の抵当権とほぼ同じように考えればよい。このような元本の確定が生じる原因には、いくつかあるが、おもなものを挙げると、まず、根抵当権設定時に債権者と債務者があらかじめ定めておいた「確定期日の到来」が挙げられる。

確定期日

根抵当権の元本が確定する期日のこと。確定期日が到来すると、根抵当権に関する取引が締め切られ、担保される債権やその額が確定する。

PART3 8 その他の担保

手形や担保・保証の法律知識

質権には3種類がある

■ 動産質では物の引渡しが必要

質権は、債権者が自己の債権を担保するために債務者の所有物を預かる形式の担保物権です。債務の弁済がなされないときには、債権者（＝質権者）は債務者（＝質権設定者）の目的物を競売して債権を回収します。

質権は、質物とする物の種類によって、動産質・不動産質・権利質に分けられます。質権の多くは、動産質です。動産質を主張するためには、質権設定の合意とともに債権者が債務者から目的物を実際に預かることが必要です。権利質とは、債権や株式などの財産権を目的としたもので、おもなものは、債務者が第三者に対してもつ債権を質権の目的とする債権質です。債権質の利点は、質権者が質権の目的である債権を直接取り立てることができることにあります。債権質は、質権設定の合意の他、債権の譲渡に証書の交付が必要なものを質権の目的とする場合には、証書の交付を受けることによって成立します。

■ 留置権とは

たとえば、腕時計を販売店に修理に出した場合、販売店は、修理代金が支払われるまで時計の返還を拒むことができます。

このように販売店が時計の返還を拒める権利のことを留置権といいます。留置権は、債務の支払いがすむまでは目的物を返還しないということで債務の支払いを促そうとするものであり、債権回収を間接的に実現するものといえます。

留置権は、当事者間で時計について担保を設定するという合

不動産質

不動産質は、不動産を目的として質権を設定するものだが、ほとんど利用されていない。

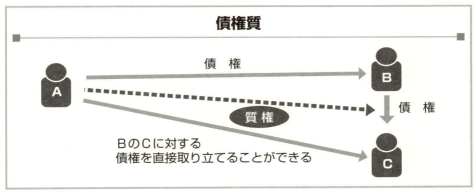

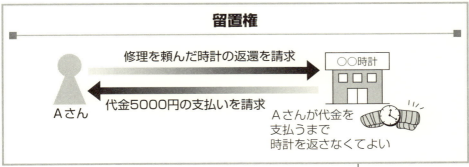

意がなくても、当然に発生します。また、留置権とよく似たものとして同時履行の抗弁権があります。留置権も同時履行の抗弁権も、当事者間の公平を考えてできた制度ですが、同時履行の抗弁権は契約当事者間でしか主張できないのに対して、留置権は、物権という強い効力が認められる権利なので第三者にも主張できるという点で違いがあります。

　もっとも、留置権は目的物を占有（留置）することで債権の支払いを確保する制度なので、いったん目的物の占有を失ってしまうと留置権も消滅してしまう点には注意が必要です。

■ 先取特権とは

　先取特権とは、債権者が他に先立って債権の回収をすること

> **同時履行の抗弁権**
> 当事者の一方が、相手方の債務の履行の提供まで、自己の債務履行を拒む権利のこと。たとえば、売買の当事者間で、「商品は代金と引き換えでなければ渡さない」という主張をすることをいう。

を認める制度です。本来債権の回収は平等であるべきです。

しかし、とくに優先的に弁済させる必要性が高い債権が成立した場合には、その弁済を確保するため、法律上当然に目的物に担保権（先取特権）が成立することを認めたのです。

先取特権は、①総財産を担保とする「一般先取特権」、②特定の動産を担保とする「動産先取特権」、③不動産の保存・工事・売買から生じた債権を担保するためその不動産を担保とする「不動産先取特権」の3つに分類されます。「不動産先取特権」は不動産に担保権を取得するには登記が必要とされるため手続きが面倒なので、あまり活用されてはいないようです。

■ 動産売買の先取特権

動産売買の先取特権とは、動産を売り渡したときに、その動産から優先的に売買代金の弁済を受けることができる権利のことです。もっとも、動産を競売にかけるには、債権者が執行官に対して動産を提出すること、あるいは、債権者が執行官に対して文書（動産の占有者が差押えを承認する旨を記載した文書のこと）を提出すること、が必要になるので、将来、動産売買の先取特権を行使しようと債権者が思っている場合には、あらかじめ差押えを承諾する旨を記載した文書を受け取っておくなど、手を打っておく必要があります。

また、動産競売開始許可決定書の謄本を債権者が提出した場合も動産を競売にかけることができます。この動産競売開始許可決定書は、執行裁判所が発行するものです。債権者は執行裁判所に担保権があることを証する書面を提出し、この許可をもらいます。

■ 買主が商品を転売した場合

買主（債務者）が商品を第三者に転売してしまったのですが、その第三者からはまだ代金の支払を受けていないという場合は

先取特権

担保物権のひとつ。先取特権が成立する債権は、民法で法定されている。たとえば、雇用契約における給料債権は、一般先取特権として認められており、労働者は使用者が破産した場合も、他の債権者に優先して配当を受けることができる。

執行裁判所

強制執行手続きに関与する裁判所のこと。

先取特権

先取特権 ─┬─ 一般先取特権 …… 債務者の総財産を対象とする
　　　　　├─ 動産先取特権 …… 債務者の特定動産を対象とする
　　　　　└─ 不動産先取特権 …… 債務者の特定不動産を対象とする

どうなるのでしょうか。

　この場合は、買主は、その第三者に対して売買代金債権を有していることになりますから、売主（債権者）はその売買代金を動産売買の先取特権に基づいて差し押さえ、ここから回収することになります。

　一方、買主（債務者）が商品を第三者に転売して、その第三者からすでに代金の支払いも受けてしまった場合は、残念ですがもう手遅れです。買主が受け取った代金は、すでに買主の他の財産に混入してしまって、特定できなくなっているからです。

　動産の先取特権は、その動産の姿が変わっても、なお特定できるのであれば、効力は持続しますが、そうでない場合には、もはや消滅してしまいます。また、その動産が第三者に引き渡されてしまった後では、その動産自体からは優先弁済を受けることはできないことになっていますから、回収もできなくなってしまいます。

　このように、先取特権は目的物が第三者に譲渡された場合、あるいは目的物が滅失した場合には行使することができなくなります。しかし、たとえば、目的物が滅失した結果、債務者が保険金を取得するような場合には、差押えをすることによりその保険金から優先的に弁済を受けることができます（このことを物上代位といいます）。

PART3 9

手形や担保・保証の法律知識

譲渡担保

法定されていない非典型担保物権

■ 譲渡担保とは

　抵当権（88ページ）は、債務者が債権者より借金をして取得したものを担保物件として設定し、返済不能になった場合に債務の弁済にあてる権利です。しかし、抵当権の規制は法律で厳格に定められています。そこで、抵当権の利便性をいかしながらも、もう少し制約の緩やかな担保の手段が取引の世界では要請されてきました。そこから生まれたのが、譲渡担保という担保方法です。これは、担保目的物の所有権を債権者に移転して、それを債務者が引き続き借りておくという形のものです。

　譲渡担保は、工場に備え付けてある機械や、倉庫に保管してある在庫商品など、担保化のための明確な規定がない財産を担保にとる場合に、広く利用されています。この場合、担保目的物の担保価値の査定は、慎重に行うことが必要です。担保価値の査定が甘いと不良債権を作り出すことになってしまいます。

　譲渡担保は、抵当権の利便性を生かしたよい担保方法ですが、質権のように手元に引き取るものではないので、表面からは担保が設定されているかどうかわかりません。そのため、ネームプレートなどを貼って第三者から見ても債権者の所有物であることがわかるように表示する必要があります。

　しかし、債務者にしてみれば、自分の企業が借金をしていることを公示するようなものです。ただ、債務者の資金状態が悪化している場合には、担保目的物を第三者に譲渡することもあるので、ネームプレートは貼っておいた方がよいでしょう。

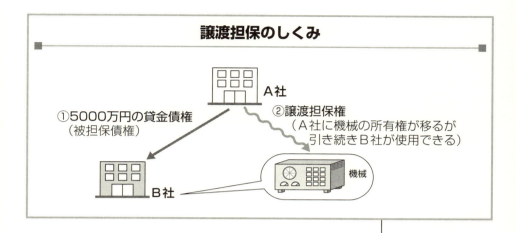

■ 集合債権譲渡担保とは

担保目的物の所有権ではなく、債権を譲渡担保の目的にする方法もあります。継続的な取引関係にある者の間では、実務上、集合債権譲渡担保という方法がとられています。これは、継続的取引によって現に発生している債権、または将来発生するであろう売掛債権をまとめて譲渡担保の目的とするものです。

なお、担保の対象となる債権は将来発生する不特定多数のものでもかまいません。

■ 帰属清算型と処分清算型がある

譲渡担保権については明文の規定はないのですが、期限まで債務を弁済できないときは、所有権は完全に債権者のものとなります。その実行形態としては、当該目的物の所有権を譲渡担保権者が確定的に取得する方法による場合（帰属清算型）と、当該目的物を譲渡担保権者が第三者に売却し、その代金をもって弁済に充当する場合（処分清算型）とがあります。

いずれの場合にも、目的物の価額を被担保債権額が下回る場合には、譲渡担保権者は設定者にその差額を支払って清算しなければなりません。

> **被担保債権額**
> 担保されている債権の額。

PART3 10 仮登記担保や代物弁済

手形や担保・保証の法律知識

比較的簡単な債権回収法

■ 仮登記担保とは

　仮登記担保とは、金銭債務を担保するために、その不履行があったときには、債務者または第三者に属する所有権その他の権利を移転させることを約束し、これに基づいて仮登記などをすることをいいます。たとえば、債務者が債務を履行できなくなった場合には、代わりに所有不動産の所有権を移転するというようなとりきめがなされることがあり、以下のようないくつかの型があります。

① 期限までに債務が履行されない場合には、債務の履行に代えて、目的財産を代物弁済する旨の停止条件付代物弁済

② 債務が履行されない場合には、債権者は目的財産を代物弁済としてとることができる旨の代物弁済の予約

　これらの担保方法は、金銭債務を担保するための契約でなければなりません。また、仮登記や仮登録ができる権利の移転または設定を目的としてなされた契約でなければなりません。

■ 競売をする必要がない

　債務者が、返済を怠った場合には、債権者は、仮登記を本登記にすることで、仮登記担保の目的とした不動産などを取得できます。ただし、不動産価格が債権額より多い場合ですと、債務者が損をしますので、清算手続きが必要になります。

■ 無担保債権者の債権回収手段

　担保権をもたない債権者にとって重要な債権回収の手段とな

仮登記

将来の本登記に備えて、あらかじめ登記の順番を確保するためになされる登記のこと。登記できる権利が発生しているが、必要書面の不備などですぐには登記できない場合や、権利はまだ発生していないが将来発生するであろう物権変動の請求権を取得した場合などに仮登記をすることができる。

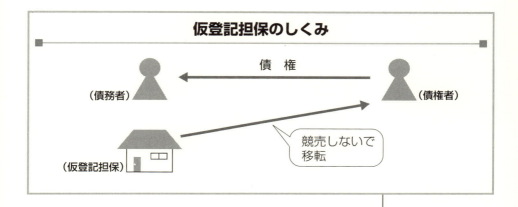

るのが、代物弁済、債権譲渡、相殺です。物的担保と比べると効力が弱いのですが、このような手段もあることは知っておきましょう。

■ 代物弁済や代物弁済予約による債権回収

　代物弁済とは、50万円の借金がある場合に、現金がないから代わりに店舗の中の商品を代金の支払いにあてるような場合をいいます。代物弁済が債権回収の手段としてなされる場面としては、まず融資を受けた商店が倒産しそうなケースで、債権者が店にかけつけて商品を融資金の支払いに代えて持ち出す場合があります。一方、あらかじめ借金を支払えなかった場合は債務者の土地を代物弁済としてもらい受けるというような約束（これを代物弁済予約と呼びます）を事前に当事者間で結んでおく方法もあります。

　代物弁済予約は、仮登記という方法で行うため、競売のような面倒な手続きをすることなく債権の回収ができる便利な制度ですが、債務者の立場からすれば借金の額と不釣合いな土地などの財産を債権者に丸取りされるという問題点もあります。そこで、法律は（仮登記担保法）は債権者による丸取りを防止するために、債権者に清算の義務を課しています。

債権譲渡による債権回収

不良債権を譲り受けないように注意する

■ 物と同様に債権を売買する

債務者が債権を持っている場合、債権を回収方法する方法の一つに債権譲渡があります。たとえば、AがBにお金を貸していて、Bにもお金を貸している相手Cがいるとします。このときCから返済があった場合に、そのお金をAへの返済に充てるとは限りません。他への返済に回してしまうかもしれません。こうしたときに、Bから債権譲渡を受けておくと、Cへ直接請求し、弁済を受けることができます。

債権譲渡は、譲受人Aと譲渡人Bの当事者双方の合意で成立しますが、債務者（第三債務者）Cに債権譲渡の事実を主張するためには譲渡人からの通知や債務者の承諾が必要になります。

しかし、多数の債権を譲渡する場合にいちいち通知や承諾を要求することは債権回収方法としての機能を阻害してしまうおそれがありました。そこで、債権譲渡特例法（動産・債権譲渡特例法）という法律が制定されました。ただ、このような制度を利用できる債権者は、私人ではなく会社などの法人に限定されている点には注意が必要です。また、債権譲渡登記は、債務者以外の第三者との関係で民法上の確定日付ある証書による通知をしたとみなす制度です。債務者に対して債権譲渡の事実を主張するためには、登記をしたことについての登記事項証明書の交付を伴う通知あるいは債務者の承諾が必要です。

■ 債権譲渡の対抗要件

債権譲渡があったことを債務者に対して主張するには、譲渡

債権譲渡特例法
債権譲渡特例法により、大量の債権でも必要事項を磁気媒体などに記録し、あるいはオンラインで提出することで東京法務局に登記することが認められるようになった。

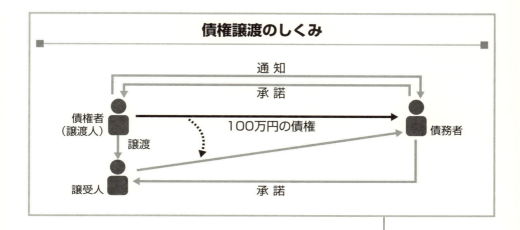

人から債務者に対して通知をしてもらうか、債務者（第三債務者）が譲渡を承諾することが必要です。そして、譲渡人と譲受人間で債権譲渡があったことを、債務者（第三債務者）以外の第三者にも主張するには、債権譲渡の通知や承諾は、確定日付のある証書ですることが必要です。とくに、債権譲渡の通知を行う場合には、譲渡する債権の表示をすることが大切です。具体的には、金額、返済期日、利息などを記載します。

　また、債権譲渡の通知は、必ず譲渡人が行います。もし、譲受人による通知が認められるなら通知するだけで誰でも債権を取得することができるからです。なお、確定日付というのは、証書が作成された日について、裁判上完全な証拠力が認められる場合の日付のことです。公正証書の日付や、内容証明郵便の日付などがあります。一般的には、譲渡人から債務者へ内容証明郵便によって通知をしてもらうという方法がとられています。

　債務者が倒産も間近な債務者である場合には、他の債権者に対しても同じ債権を譲渡してしまうこともあります。債権が二重に譲渡されてしまった場合には、その譲渡の効力は、確定日付のある証書による通知が届いた日時によります。つまり、早い者勝ちというわけです。

公証役場と確定日付
確定日付は公証役場での手続きで付与してもらうことができる。

PART3 12 相殺による債権回収

手形や担保・保証の法律知識

金銭のやりとりはなされない

■ 簡単でスピーディな決裁手段

　債務者に対して、こちらも買掛金（仕入代金）や手形債務などの債務を負担していれば、相殺という手段で、売掛金債権（売上代金）や商品代金債権を、簡単に回収したのと同じ効果をあげることができます。

　AがBに対して100万円の貸金債権を有し、BがAに対して80万円の売買代金債権を有しているような場合に、AかBの一方から他方に対する意思表示によって、相互に重なり合う金額の分だけ債権債務を消滅させることを相殺といいます。

　上の例では、これによって80万円分の債権債務が消滅し、AのBに対する20万円の貸金債権が残るだけとなります。

　相殺の意思表示をする側が有する債権を自働債権、その相手方が有する債権、つまり相殺される側の債権を受働債権といいます。相殺をするには、自働債権が弁済期に達していなければなりませんが、受働債権は必ずしもその必要はありません。

　当事者間の債権が相殺できる状態にあることを相殺適状といいますが、相殺の意思表示をすると両債権は、相殺適状を生じた当時において対当額で消滅します。相殺は、当事者の一方だけの意思表示によって効果が生じるものです。相殺をする際には、対象となる債権、金額、弁済期、相殺後に残存する債権の額等を明確にして通知するのがよいでしょう。

　なお、相手Bもこちらも、双方が互いに相手に対して債権をもっていれば、相殺が利用できますが、そうではない場合でも相殺を利用して実質的な債権回収を図ることができます。

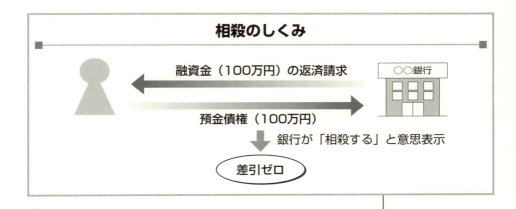

　たとえば、AがBに対して債権をもっていて、Bがその取引先Cに対して債権があるという場合であれば、Aは自分の債権をCに譲渡して、CからBに相殺してもらうことによって、実質的には債権回収と同じ効果を上げることができるのです。
　この方法で成功を収めるには、債権譲渡があったことを、債権者Aから債務者Bに通知するか、Bの承諾を得ることが必要です。この場合、通知や承諾があったことを、内容証明郵便などの確定日付のある証書で行っておけば、なお安全です。

> **内容証明郵便**
> 28ページ参照。

> **確定日付ある証書**
> 法律上、その正確性が保障されるもので、証書に記載された日付のことを確定日付という。確定日付の入った証書のことを確定日付ある証書という。

■ 相殺契約は相殺とは違う

　相殺と似て非なるものとして、相殺契約があります。相殺契約というのは、当事者の一方から他方に対する意思表示ではなく、当事者双方の契約によって相互の債権債務を消滅させることです。つまり、当事者が合意することで内容を決めることができるわけです。
　相殺契約は、互いに有する権利義務関係を簡易迅速に整理したい場合において、とくに民法上の相殺ができない場合（たとえば、債権の目的たる給付の性質が異なる場合）に利用されています。金銭債務にとどまらず、物品の給付を目的とする債務と金銭債務との相殺契約なども可能です。

その他回収・管理のための注意点

債権者取消権は裁判上でしか行使できない

■ 債権者代位権とは

債務者が第三者に対してもっている債権を債権者が直接取り立てて債権の回収を行うものとして、債権者代位権の行使があります。債務者が無資力（債務超過）の場合、債権者は債務者が所有する権利を直接行使することができます。

債権者代位権の行使は、裁判上も裁判外でもできます。

債権者代位権を行使するための要件は、①債務者の無資力、②債務者自らがその権利を行使しないこと、③債権者の債権が履行期にあること（ただし、裁判所の許可を得た場合には履行期でなくてもよい）です。

■ 詐害行為取消権とは

債務者以外の第三者を相手方として債権回収を図るものとして、詐害行為取消権（債権者取消権）があります。

たとえば資力のない債務者が自己所有の不動産を不当に安い価格で売却したというように、債務者が債権者を害するような行為をした場合、債権者はその売買契約を取り消し、所有移転登記の抹消を請求できます。

詐害行為取消権を行使するためには、①債務者が無資力（債務超過）の状態にあること、②詐害行為（財産減少行為）の存在、③債務者や詐害行為の相手方が詐害の事実を知っていたことが必要です。

なお、詐害行為取消権は、債権者代位権と違って裁判上でしか行使できません。取消しを求める行為について、訴訟で請求

債権者代位権

債権者が、自分の債権を保全するために、債務者の権利を行使すること。たとえば、債務者が顧客に売掛金を持っている場合、債権者が債務者に代わって直接顧客から売掛金を回収することをいう。

債権者取消権と債権者代位権

債権の保全
- **債権者代位権**：債務者が顧客に持っている債権を債務者に代わって直接回収できる権利。裁判上でも裁判外でも行使できる。
- **債権者取消権**：債務者の不当な財産減少行為を元の状態に戻す。裁判上行使する権利。

（詐害行為取消訴訟）することになります。

■ 債務免除とは

債務免除は、債権者が債権を無償で消滅させる行為です。一般には、債権放棄と呼ばれることが多いようです。債権者の債務者に対する一方的な意思表示だけで効果を生じますので、債務者の意思は問題にはなりません。

1000万円の債権のうち600万円支払ったら残りは免除するというように、債権の一部を放棄したり、何らかの条件をつけて免除することもできます。

■ 証拠を残す

債務者の資産が全くなく将来も回収が見込めない場合、債務者が更生するきっかけを与えるために債権者が債権を放棄することがあります。債務免除は、もちろん口頭でもできますし、わざわざ内容証明郵便を利用する必要性に乏しいものです。

ただ、債権の放棄は債権者にとっても、放棄した額を税務上損金として処理できるというメリットもあります。その際、債権を放棄した事実を税務上証明する必要がありますから、債権放棄をした証拠として内容証明郵便を利用するのがよいでしょう。

Column

代理受領と振込指定

　債務者が第三者に対してもっている債権が、譲渡を禁止されているものである場合には、債権譲渡を受けないで、支払いだけを受ける代理受領や振込指定という方法があります。

　代理受領とは、債権者が債務者から対象とする債権について取立てと支払いを受領する権限の委任を受けて、これによって第三債務者から受領した金銭を、自分の債権の支払いにあてるという方法です。たとえば、住宅ローンの申込時に、債権者である売主が第三債務者である金融機関より融資を受ける場合などに行われます。

　一方、振込指定は、代理受領と似ていますが、少し異なります。これは、第三債務者から債務者へする支払いを、債権者が指定する銀行口座にしてもらい、そこに振り込まれた金銭を自分の債権に充当しようという方法です。

■ 代理受領のしくみ

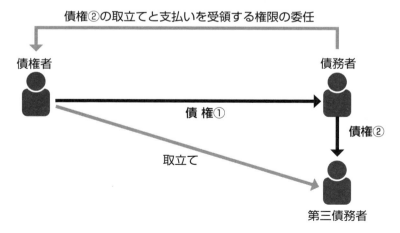

PART 4

法的手段と手続き

PART4 1 債務者の態度に応じた回収方法

法的手段と手続き

少しでも多く取り立てられるようにする

■ 最も効果的な方法を選ぶ

　債権回収の最後の手段は訴訟ということになります。ただし、訴訟に持ち込むには、費用や時間という点、取引先との将来の関係などの点から考えて、それなりの覚悟は必要です。最初から訴訟一本でいくというのも1つの手段ではありますが、債務者の態度に応じて柔軟な対応ができることも大切です。

　もちろん、債権回収のための手段は訴訟に限るものではありません。

　後述するさまざまな債権回収の方法があります。たとえば、債務者が債権の存在を争っていなければ、公正証書を利用して債権回収が図れます。和解や調停によって調書を得た場合も、同様です。債務者が支払いに積極的に協力しない場合には、支払督促という制度を利用することができます。

　債務者が争う姿勢を見せている場合には、仮差押を利用するということもあります。仮差押は、こちらが提出した証拠だけをもとに行いますから、債務者の資産隠しを防止するだけでなく、債務者に対する相当な圧力にもなります。この方法は、仮の形ではありながらも、いきなり強制執行の方法をとるようなものです。

> 仮差押
> 182ページ参照。

　こうした方法を念頭に置きながら、実際に債務者と交渉にあたるわけですが、その際に注意しておくことが2つあります。1つは、少しでも多く取り立ててくるという観点です。もう1つは、後に法的手段をとることに備えて、立証のための資料を確保することです。後々の展開をにらみながら、布石を打って

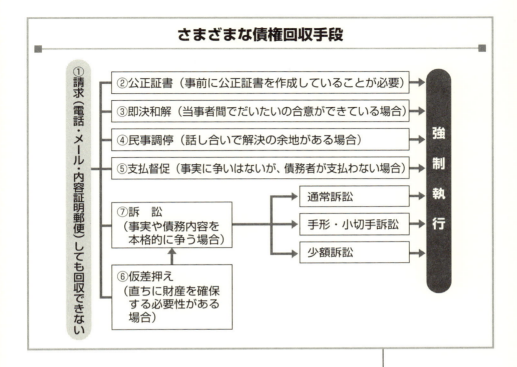

おくことは大切です。

■ **訴訟以外の手段もある**

前述したように債権回収の最後の手段は、訴訟ということになりますが、支払督促や調停など上図に掲げるさまざまな方法も用意されています。

したがって、債権回収を行うにあたっては、債務者の状況、費用や時間、取引先との将来の関係などの要素を考慮して適切な回収手段を選択することになります。

訴訟も辞さないという覚悟があれば、それを1つの圧力として、債務者と交渉にあたることができますが、債権回収を行うにあたっては、1つの方法に固執せず大局的な観点からベストな方法を選択することが大切だといえます。

PART4 2 訴訟手続き

法的手段と手続き

当事者が訴えを提起することで開始し、口頭弁論を経て判決に至る

■ 裁判の提起から判決まで

ここでは、訴訟の一般的な流れを概観しておきましょう。

① 訴えの提起

訴訟を起こすことを決断したら、訴状を裁判所に提出します。訴状は、訴える側（原告）が裁判所に提出する書面です。一定の事項を記載して、何について裁判してもらうかを明らかにします。裁判長は訴状を審査しますが、訴状に不備があれば、裁判長は一定の期間を定めて原告に補正を命じることができます。期間内に補正がないときは訴状を受理してもらえません。

② 訴状の送達と答弁書の提出

訴状が裁判所に受理されたら、裁判所書記官によって訴状が訴えられた側（被告）に送られます。訴状が被告のもとに届いたときに訴訟が成立します。これを訴訟係属といいます。訴状を受け取った被告は、答弁書を裁判所に提出します。答弁書は裁判所から原告に送り届けられます。

③ 第1回口頭弁論期日

口頭弁論とは、裁判官の前で口頭で訴えについての主張や反論を行うことをいいます。判決を下すには必ず口頭弁論を開かなければなりません。裁判所は、原告・被告双方に対して第1回口頭弁論期日を指定します。第1回目の口頭弁論では、通常、原告が訴状に基づいて請求の趣旨を陳述し、被告は答弁書に基づいて訴えの却下や請求棄却を求める陳述を行います。

口頭弁論は必要があれば数回行われますが、終結するまでに行われた口頭弁論の全体が、判決の基礎となります。

訴え提起前の証拠収集

訴えを提起しようとする者は、相手方（被告となる者）に訴え提起を予告する通知（予告通知）をして、主張・立証に必要な事柄について相手方からの回答を求めたり、裁判所に証拠収集の処分を求めることができる。予告通知に回答した相手方からも同様の請求ができる。

主張と立証

訴訟が始まると、原告と被告はともに自分に有利な判決を求めて攻撃と防御を展開する。この表面上の対決姿勢の裏には、しばしば話し合いへの期待やかけ引きも潜んでいる。また、民事訴訟の対象となる紛争はそもそも当事者の話し合いによる解決になじみやすいものが多いので、裁判所は紛争の実情をふまえて、和解をすすめることもできる。この証拠を提出することもできる。この証拠を取り調べるために、証拠調べという手続きがとられる。

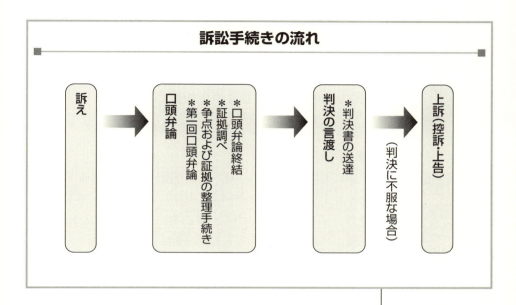

■ 口頭弁論の終結から判決まで

　裁判所は、口頭弁論で行われた主張や反論、提出された証拠などを考慮して、判決をするのに熟したと判断した場合には、口頭弁論を終結する旨の宣言をし、判決言渡期日を指定します。

　法廷が1人の裁判官にまかされている場合にはその者の判断によって、合議制であれば複数の裁判官が集まって評議を行い、判決の内容を決めます。判決は言渡しによって効力を生じます。言渡しは、公開の法廷で、裁判長が主文を朗読して行われます。判決の正本は、原告と被告に送られます。判決の言渡しによって、訴訟は一応のしめくくりを迎えます。訴訟当事者がその判決に異存がなければ、判決正本を受け取ってから2週間でその判決が正式に確定します。

　なお、裁判官は神様ではありませんから、誤った判決が絶対にないとはいいきれません。そこで、当事者が上級の裁判所に対して、裁判の取消し・変更を求める不服申立ての制度が設けられています。これを上訴といいます。

合議制と単独性

裁判機関には1人の裁判官で構成される単独制と、複数の裁判官で構成される合議制がある。
合議制の裁判所では、これを構成する裁判官のうち1人が裁判長となる。判決その他事件の処理上重要な事項の裁判は、合議制を構成する裁判官が評議し、その過半数で意見を決める。

上訴

第一審の裁判に対する不服申立てが控訴である。控訴審でも口頭弁論が開かれ、基本的には第一審と同じような流れで訴訟が進み、判決を迎える。さらに、控訴審の判決に対しても不服があれば上告ができる。上告審の判決に対しては、不服申立てはできず、判決は最終的に確定する。

PART4 3 訴状と答弁書

法的手段と手続き

訴状は原告、答弁書は被告が提出するもの

■ 訴状の記載事項

　訴えを提起するには、訴状を裁判所に提出するのが原則です。訴状は、原告が第一審裁判所に提出する書面で、これによって裁判所に求める審判の対象（訴訟物）が特定されます。なお、制度上、簡易裁判所では口頭での提起も認められます。

　訴状が提出されると、裁判長は訴状を審査し、不備があれば一定の期間を定めて補正を命じます。これを補正命令といいます。期間内に補正されないと、訴状を受理できないとして却下されることになります。訴状が受理された場合は被告に送達されます。一般には、被告に訴状が送達された時点で、訴訟が正式に裁判所によって審理される状態になると考えられています。これを訴訟係属が発生したといいます。

　なお、訴状に必ず記載しなければならない事項（＝必要的記載事項）として、①当事者、②法定代理人、③請求の趣旨・原因などの項目があります。

■ 請求の趣旨

　請求の趣旨は、何につき、どんな裁判を求めるかを簡潔・明瞭に記載した部分で、訴えの核心をなし、かつその結論を示す重要な部分です。請求の趣旨は、給付訴訟では「○○を引き渡せとの判決を求める」「金○○万円を支払えとの判決を求める」という形で表現され、確認訴訟では「○○に対する原告の所有権確認するとの判決を求める」と表現されます。また、形成訴訟では「原告と被告を離婚するとの判決を求める」という表

却下と棄却

却下も棄却も判決の一種である。判決は、訴訟判決と本案判決とに分類される。訴訟判決は訴訟要件があるかないか、という問題に対する裁判所の応答であるのに対し、本案判決は、原告の請求を認めるのか認めないのか、という問題に対する裁判所の応答である。

却下判決は、訴訟判決の答えとしてなされるものであり、訴訟要件を充たさないから訴訟を打ち切るという意味をもつ。棄却判決は本案判決の答えとしてなされ、原告の請求を認めない、という意味をもつ。

訴状サンプル

訴　　　状

　　　　　　　　　　　　　　　　　　　　　　　平成○○年○月○日
○○地方裁判所○○支部　御中
　　　　　　　　　　　　原告訴訟代理人弁護士　　○　○　○　○　㊞

〒○○○－○○○○　　東京都○区○町○丁目○番○号
　　　　　　　　　　原　　　　告　　　　　　○　○　○　○
〒○○○－○○○○　　東京都○区○町○丁目○番○号　○○ビル○階
　　　　　　　　　　○○法律事務所（送達場所）
　　　　　　　　　　上記訴訟代理人弁護士　　○　○　○　○
　　　　　　　　　　電話　０３－○○○○－○○○○
　　　　　　　　　　FAX　０３－○○○○－○○○○
〒○○○－○○○○　　東京都○区○町○丁目○番○号
　　　　　　　　　　被　　　　告　　　　　　○　○　○　○

貸金請求事件
訴訟物の価額　　１０００万円
貼用印紙額　　　５０，０００円

請求の趣旨

1　被告は、原告に対し、金１０００万円及びこれに対する平成○○年○月○日から支払済みまで年７分の割合による金員を支払え。
2　訴訟費用は被告の負担とする。
　との判決ならびに仮執行宣言を求める。

請求の原因

1　原告は、平成○○年○月○日、被告との間で、次の約定にて、金銭消費貸借契約を締結し、被告に対し、金１０００万円を貸し付けた（甲１）。
　(1)　弁済期　　　　平成○○年○月○日
　(2)　利息　　　　　年７分
2　ところが、被告は、弁済期が経過しても利息の支払いをしたのみで、元金の返済をしない（甲２）。
3　よって、原告は、被告に対し、上記貸金１０００万円及びこれに対する弁済期の翌日である平成○○年○月○日から支払済みまで約定利率の年７分の割合による遅延損害金の支払を求める。

証拠方法

1　甲１号証　借用書
2　甲２号証　通知書

附属書類

1　訴状副本　　　　　　　　　　　　　　　　　　１通
2　甲１ないし３号証（写し）　　　　　　　　　　各１通
3　訴訟委任状　　　　　　　　　　　　　　　　　１通

現になります。

■ 請求の原因

　請求の原因とは、請求の趣旨だけでは審判の対象が十分に特定されない場合に、請求の趣旨の記載を補充する部分です。請求を特定し、何について審理がなされ、判決が求められているのかを明確にする役割を果たす記載です。たとえば、給付訴訟において「被告は原告に対し金100万円を支払えとの判決を求める」といっても、それが被告が原告に借りたお金なのか、品物を買った代金なのか、原告が引き受けた仕事に対する報酬なのかはわかりません。場合によっては、被告の行為によって原告が受けた被害に対する損害賠償かもしれません。このように、主張される給付請求権の発生原因となる事実を具体的に表示しないと、請求は特定できないわけです。

■ 任意的記載事項

　訴状は、原告にとっては最初の準備書面です。原告訴訟代理人（通常は、弁護士）の住所・氏名、請求を理由づける事実（主要事実）や証拠方法（証人や鑑定人、物的証拠など）を記載するのが通例です。これらの事項を任意的記載事項といい、事件の概要を説明するための書類として記載・添付されます。記載を欠いても、訴状に不備が生じるものではありません。

■ 答弁書の作り方

　原告が訴状を提出するのに対応して被告は答弁書と呼ばれる書面を裁判所に提出します。答弁書とは、原告が訴状で示した請求やその根拠である法律関係や事実関係について、被告が認めるか否か、また被告の側から裁判所にどんな判決を求めるかを記載する書面です。この答弁書の提出によって、訴えられた側は反撃を開始するというわけです。

裁判所の訴状チェック

事件受付というところで、訴状の記載事項に漏れがないか、訴状に貼る印紙代などの計算に間違いはないか、裁判所に管轄があるかどうか、など形式面をチェックする。訴状が受理されると受付印が押され、事件番号が決まる。事件番号は、その後裁判所に問い合わせをするような場合に使用するので、必ず控えておく必要がある。

受理された訴状は、担当裁判長のところに回され、最終的に審査される。事件受付で事前に審査されているので、裁判長の段階で訴状の不備が見つかることは少ない。

もし、不備な点があれば、一定の期間内での補正が裁判長によって命じられる。

答弁書サンプル

```
平成○○年（ワ）第○○○○号　貸金請求事件
原　　　告　　○　○　○　○
被　　　告　　○　○　○　○

                答　弁　書
                          平成○○年○月○日
○○地方裁判所民事第○部○係　御中
    〒○○○－○○○○　　東京都○区○町○丁目○番○号
                         ○○法律事務所（送達場所）
                         被告訴訟代理人弁護士　○　○　○　○　㊞
                         電話　０３－○○○○－○○○○
                         FAX　０３－○○○○－○○○○

第１　請求の趣旨に対する答弁
　１　原告の請求を棄却する。
　２　訴訟費用は原告の負担とする。
第２　請求の原因に対する認否
　１　請求原因第１は認める。
　２　請求原因第２は否認ないし争う。
　３　請求原因第３は否認ないし争う。
第３　被告の主張
　　　追って主張する。

                    附属書類
　１　訴訟委任状　　　　　　　　　　　　　　　　　　１通
```

　答弁書は、必ず提出期限までに裁判所に提出しなければなりません。もし、被告側が、答弁書もその他の準備書面も裁判所に提出せずに口頭弁論期日に欠席したような場合、被告は原告の主張を認めたものとみなされることになります。このとき、原告の訴状の記載だけで判決を下せると裁判所が判断すれば、被告欠席のまま、原告勝訴の判決がなされてしまいます。ですから、原告の請求について争いたいのであれば、必ず、答弁書を指定された期日までに裁判所に提出しなければならないのです。

PART4-4 当事者の欠席

法的手段と手続き

一方が欠席した場合と双方が欠席した場合で扱いが違う

■ 欠席した場合のルールが定められている

　訴えを起こす者、訴えを起こされる者が、普通の人間である以上、病気や事故などのために、訴訟に出られなくなることも当然起こり得ます。

　弁護士などの訴訟上における代理人がいる場合には、訴訟の当事者本人が裁判に出席しなくても問題ありませんが、代理人がいない場合に当事者が欠席してしまった場合、口頭弁論はどのように処理されるのでしょうか。

　この点について、民事訴訟法は、当事者の一方が欠席した場合と双方が欠席した場合とで扱いを異にするなど、実にきめ細かい規定を置いています。

■ 当事者の一方が欠席するとどうなる

　たとえば、当事者の一方が第1回口頭弁論期日に欠席した場合には、欠席した者が提出した訴状・答弁書、その他の準備書面に記載した事項を、あたかも欠席当事者が陳述したものとみなして、出廷した当事者に弁論させることができます。

　この場合、出廷した当事者が準備書面で予告してあった事実に対する欠席者の認否は、欠席者の準備書面をもとに決められます。

　なお、欠席者が準備書面上で明らかに争っていない場合には、欠席者はその事実を自白したものとみなされます。欠席者の準備書面の記載によって、争っていると認められる場合には、状況によっては証拠調べも行うことができます。

当事者欠席の割合

当事者が口頭弁論に欠席するというのは少ないかというと、決してそうではない。さすがに当事者双方が欠席してしまうことは少ないが、当事者の一方が欠席する割合は意外と高い。一般的には被告側の欠席が多いようである。

裁判上の期日とは

期日とは、裁判所、当事者その他の訴訟関係者が集まって訴訟についての行為をするために設定される日時をいう。期日は法廷で裁判長が事件を呼び上げることで始まり、予定された訴訟行為が終了したとき、または裁判長による弁論の終結、延期、続行などの宣言によって終了する。

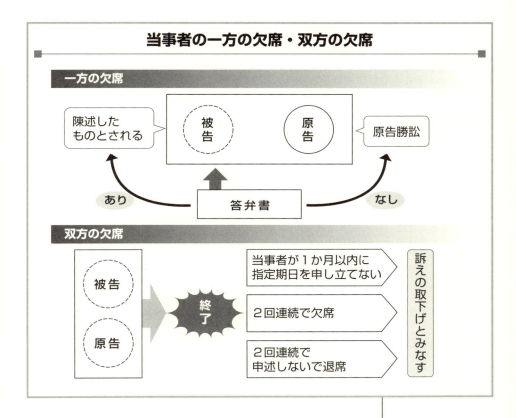

■ 当事者双方が欠席したらどうなる

　当事者双方が欠席した場合には、1か月以内に期日指定申立てをしないと訴えを取り下げたものとみなされます。さらに、連続して2回期日に欠席し、または出席しても申述しないで退廷した場合にも訴えが取り下げられたものとみなされます。

　このような規定が設けられているのは、訴訟の展開が自己に不利だと判断した当事者の中には、延々と欠席を繰り返すことによって訴訟を引き延ばそうとする者がいるためです。そのような者を相手に訴訟を続けても、時間と費用の浪費になるだけです。つまり、「やる気がないのならやめてしまえ」ということなのです。

当事者欠席の場合の措置

当事者が欠席した場合は、準備書面に記載されている事項を陳述したものとしたり、自白したものとみなされたりする。また、訴えの取下げがあったものとされる場合もある。当事者が訴訟をする気がないなら、裁判所の手を煩わせる必要はないので、訴えの取下げがあったことにしているのである。

少額訴訟

利用回数や不服申立てが制限されている

■ 原則1回の期日で判決まで行く

　民事訴訟手続きは、一般に時間と費用のかかる手続きだといえます。そのため、友人・知人への貸し借りなど少額の債権を、裁判所を利用して回収することは事実上、躊躇せざるを得ない状態でした。そこで、導入されたのが、少額訴訟制度です。少額訴訟で扱われるのは、60万円以下の金銭の支払請求に限られています。たとえば、動産の引渡しを請求する訴えなどの場合には、この手続きは利用できません。

　また、通常の民事訴訟では、審理手続きは複数回の口頭弁論の積み重ねの下に行われ、判決が下されるまでに多くの日数がかかります。これに対して少額訴訟では、原則として1回の期日で双方の言い分を聞いたり証拠を調べたりして、直ちに判決が言い渡されます。これを一期日審理の原則といいます。この点は、迅速な解決を望む場合には歓迎すべきことですが、一方で、事前準備を十分に行わなければ敗訴するおそれが高いともいえます。

　もっとも、特別な事情がある場合には、1回の審理で終わらず期日が続行となる場合があります。たとえば、重要な証人が病気などで出頭できなくなった場合や、和解の試みなどにより審理の時間が足りなくなったような場合です。

　通常の民事訴訟では、提出が認められている証拠についてとくに制限はありませんが、少額訴訟では、証拠調べはすぐに取り調べることができるものに限られています。これは、少額訴訟が、原則として1回の期日で審理を終わらせることを前提と

少額訴訟の活用

少額訴訟は煩雑な訴訟手続きを簡略化・迅速化させた素人向けの訴訟ということができる。裁判官は審理中に釈明権を行使し、当事者に対して質問を行ったり立証を積極的に促すことがある。これによって、素人である当事者（原告・被告双方）の立証や主張が不十分に終わってしまうことを防ぐことができる。
話し合いだけでは解決できないトラブルに見舞われた場合には、難しそうだからといって尻込みせずに積極的に少額訴訟を利用するとよい。

一期日審理の例外

少額訴訟は、一期日審理が原則だが、「特別の事情」がある場合には、口頭弁論期日が続行されることもある（民事訴訟法370条）。

少額訴訟の対象

対象となるおもな金銭債権
- 売掛金
- 少額の貸付金
- ホテルなどの宿泊代金
- 飲食料金
- サービスメンテナンス料金
- 軽い物損事故などの賠償金
- 賃金
- 慰謝料
- 敷金・保証金
- 請負代金

しているからです。証拠としては、出頭している当事者本人、当事者が連れてきた証人、当事者が持参した書証や検証物などを挙げることができます。

最後に、不服申立てについても少額訴訟は大きく異なっています。通常の民事訴訟では、判決に不服がある者は、上級裁判所に上訴（控訴・上告）することができます。しかし、少額訴訟は一審限りで、判決に対して控訴することは認められていません。

その代わり、不服がある場合には、判決をした簡易裁判所に異議を申し立てることができるしくみになっています。この異議が認められると、手続きは通常の民事訴訟手続きの第一審手続きに移行することになります。

■ 利用回数の制限について

少額訴訟は、利用回数が制限されています。同一の原告が同一の簡易裁判所に対して行える少額訴訟の申立回数は、年間10回までに限定されています。年間というのは、その年の1月1日から12月31日までのことです。

被告が裁判に欠席して、いわゆる欠席判決が得られることが強く予想されるようなケースであれば、通常の民事訴訟を利用しても、さほど不便はないでしょう。こうして、少額訴訟の利

異議申立制度とは
裁判官から言い渡された判決などに不服があるときに利用する制度。異議の申立てが受理されると、同じ事件について再度裁判所で審理をしてもらうことができる。
少額訴訟では、判決を出した裁判所への異議申立てが認められている（民事訴訟法378条）。少額訴訟の判決についての異議申立後の審理は、判決を出した簡易裁判所で行われる。

異議申立ての手続き
異議の申立ては原告・被告どちらでも行うことができる。申立てには期限があり、判決書または調書の送達を受けた日から2週間以内に行わなければならない。
申立てが受理された後で行われる再審理は、少額訴訟に対する異議であっても即日判決ではなく、通常の訴訟と同等の手続きで進められる。ただし、異議による再審理で出された判決に対しては、原則としてそれ以上異議を申し立てたり、控訴をすることはできないので、注意する必要がある。

用回数を減らさず、それを利用するチャンスを温存しておくのも1つの方法です。

なお、この回数制限を実効的なものとするため、少額訴訟を提起するときに、その簡易裁判所でその年に少額訴訟を何回提起したかを申告することになります。虚偽の申告をした場合には、10万円以下の過料に処せられます。

■ 通常訴訟へ移行することもある

被告には通常訴訟に移行するように求める申述権もあります。これにより、被告が少額訴訟に同意しない場合は、通常訴訟に移行することになります。さらに、少額訴訟で原告の請求が認められた場合には、判決中で被告に支払猶予が与えられることもあります。これは、裁判所が、被告の資力やその他の事情を考慮して、3年以内の期限に限って金銭の支払を猶予したり、その期間内に分割で支払うことを定めるというものです。

■ 訴える相手の住所が明らかでなければならない

通常の訴訟では、被告の住所が不明のとき、公示送達という制度により被告への訴状の送達があったとみなすことができます。

これに対して、少額訴訟においては公示送達の制度を利用することはできません。簡易で迅速な紛争の解決をめざした少額訴訟では、時間と手間のかかる公示送達の制度は採用されていないのです。つまり、住所がわからなければ、少額訴訟を利用することはできません。

そのため、少額訴訟を提起する場合には、被告に直接訴状を送達することができるように相手方の住所を調べておく必要があります。

■ 反訴が禁止されている

通常の訴訟では、反訴という制度が認められています。これ

公示送達

裁判所の掲示板に訴状の副本を一定期間掲示すれば、被告に直接訴状を送達しなくてもよいという制度。

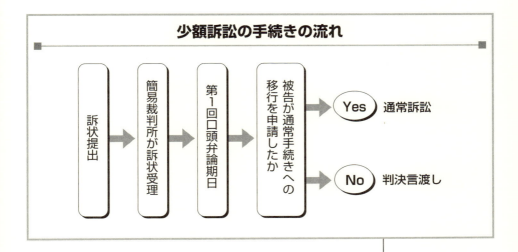

は、原告が訴えを起こした場合に、被告が、その訴訟手続きを利用して原告の請求に関連する請求について訴えを起こすというものです。

しかし、少額訴訟では、この反訴の制度は認められていません。簡易・迅速な紛争解決をめざす少額訴訟において、反訴を認めていたのでは、即日の解決を図ることができなくなってしまうからです。

■ 即日判決が下される

即日判決とは、原告・被告双方が裁判所に出向く口頭弁論期日その日に判決を言い渡すことをいいます。通常の訴訟の場合、判決が言い渡されるまで、最低2～3か月はかかってしまいます。しかし少額訴訟では、原則として即日判決まで下される（即日判決）ため、かなりの時間短縮が図れることになります。

即日判決とはいえ、裁判所が出す判決であることに変わりはありませんから、その効果は通常裁判と同じです。相手が判決に従わない場合は、強制執行によって判決内容を実行させることもできます。

> **電話会議システム**
> 訴訟では、事実関係を明らかにするために証拠調べが行われる。証拠には、借用書などの物的証拠の他、目撃者などの証人による証言があるが、証人が遠隔地にいるなどの理由で出廷できない場合がある。このときに、電話会議システムを利用して、音声を送受信して証言をすることができる。また、映像を送受信できるテレビ会議システムも用いられている。もっとも、実務上はあまり利用されていない。

PART4 6 少額訴訟の審理

法的手段と手続き

通常訴訟への移行を希望することもできる

■ 訴状が受理された後は口頭弁論

　訴状を提出すると、口頭弁論期日が決められることになります。口頭弁論期日の決め方にはいろいろな方法がありますが、本書では、裁判所書記官が訴状を受理した後、裁判所で口頭弁論期日を決め、原告に口頭弁論期日呼出状が送られてくる方式を前提に話を進めます。なお、口頭弁論期日が決まると、被告には訴状とともに口頭弁論期日呼出状が送られます。

　少額訴訟では口頭弁論期日までに、当事者はすべての攻撃防御方法を提出しなければなりません。ですから、迅速に事実を整理し、証拠を収集する必要があります。この準備段階で、個々の事実について、裁判所書記官から説明を求められたり、立証が促されることもあります。さらに、期日直前には、裁判所書記官が当事者に面会して、書証などの確認が行われることもあります。

　こうして準備が整えられ、口頭弁論期日が開かれると、裁判官は、次のような事項を当事者に対して説明します。

① 証拠調べは、すぐに取り調べることができる証拠に限り可能であること
② 被告は、訴訟を通常の手続きに移行させることができるが、被告が最初にすべき口頭弁論期日において弁論をし、またその期日が終了した後は、この限りではないこと
③ 少額訴訟の終局判決に対しては、判決書または判決書に代わる調書の送達を受けた日から2週間以内に、その判決をした簡易裁判所に異議を申し立てることができること

窓口に訴状を出す

訴状は通常の場合、窓口で説明を受けながら作成するので素人でも間違いなく提出することができる。いったん提出した時点でこれを裁判所側が審査し、問題がなければ訴状が受理される。訴状の審査ポイントは、①事件がその裁判所の管轄であるかどうか、②訴状の必要的記載事項がすべて書かれているかどうか、③事件が少額訴訟を提起できる種類のものであるかどうか、④必要額の収入印紙が貼付されているかどうか、などである。

口頭弁論期日が決まるまで

訴状が被告に送達されるのは訴状の受理後約2週間で、その際に「口頭弁論期日の呼出状」が同封される。呼出状には口頭弁論の日時・場所などが記されている。

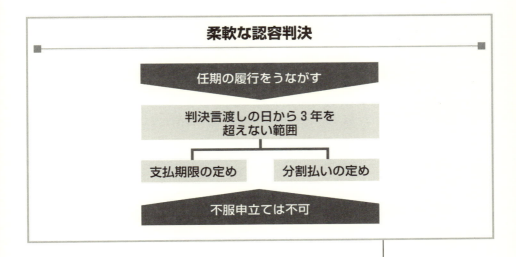

　少額訴訟手続きは、原告が一方的に選択するものなので、被告の防御の利益が害されるおそれもあります。そこで、民事訴訟法は、被告の利益を保護するため、被告には最初の口頭弁論期日に通常の訴訟手続きに移行するように求める権利が与えられています。ただし、被告が最初の口頭弁論期日に弁論をするか、または、しない場合でもその期日が終了してしまった場合には、通常の訴訟手続きに移行させる旨の申出はできなくなります。これらの説明がなされた後は通常の訴訟と同様の手続きがとられ、当事者双方の主張を裁判官が聞き、争いがある事実について、証拠調べが行われることになります。

　口頭弁論が終わると、直ちに判決が言い渡されます。

　このとき、原告の請求を認める判決がなされた場合は、被告の資力などを考慮して、3年以内の分割払いや訴え提起後の遅延損害金の支払義務を免除する分割払いが命じられることもあります。

　言い渡された判決は、裁判所書記官によって、口頭弁論期日調書に記載されます。判決に対して不服がある場合、当事者は、異議の申立てを行うことができます。

訴状の書き方

PART4-7 法的手段と手続き

訴状の中核は請求の趣旨と紛争の要点

■ 訴状を提出する

訴状は通常訴訟と同様、3通作る必要があります。裁判所に提出する正本と、被告に送られる副本（コピー）と、自分の下に置いておく控えです。

なお、訴状を提出する際には、郵券（郵便切手）を納める必要があります。郵便切手は、訴状の副本と呼出状を被告のもとに送るためなどに使われます。訴状を無事提出し終えると、訴状の番号が決められます。これを事件番号といいます。

■ 訴状はどのように書くのか

請求内容は、「請求の趣旨」欄に記します。請求の趣旨とは、原告が訴えによっていかなる判決を求めているのかを明らかにするものです。

たとえば「被告は原告に対し金1000万円を支払え」など、原告が裁判所に対しどのような判決を求めるのか、その内容を記載します。訴訟が勝訴に終わったときには、この請求の趣旨欄に記載された内容が、そのまま判決の主文になります。

「請求の趣旨」と関連して請求の原因（訴状中の「紛争の要点」の部分）を書きます。「請求の原因」とは、請求の趣旨がどういう法律関係に基づくのかを特定するための記載です。たとえば、請求の趣旨欄に「被告は原告に対し金○○円を支払え、との判決を求める」と書かれた金銭の支払請求は、これだけでは、その金銭が何のための支払なのかがわかりません。

金銭の支払といっても、貸金の返還もあれば、売掛金（売上

被告が複数いる場合

その数だけ副本を余分に作成しなければならない。作成した訴状の正本と副本は裁判所の窓口にもっていき、そこで提出する。

事件番号

個々の事件を識別するためにつけられるもの。後で、訴訟に関して、裁判所に問い合わせをする場合に必要となるため、この番号は、必ず確認して、訴状の控えに書きとめておくとよい。

訂正用の印鑑

裁判所の窓口は受理を拒むことができない決まりになっているが、訴状に不備がある場合には訂正を求められることがあるので、訂正用に印鑑だけは持参した方がよい。

訴状作成上の注意点

契約書などの証拠書類を添付した場合には、訴状の末尾に証拠方法として、その書類の題名（立証方法）を記載する。また、訴状と一緒に提出する添付書類についても、その内容を同様に付記しておく。

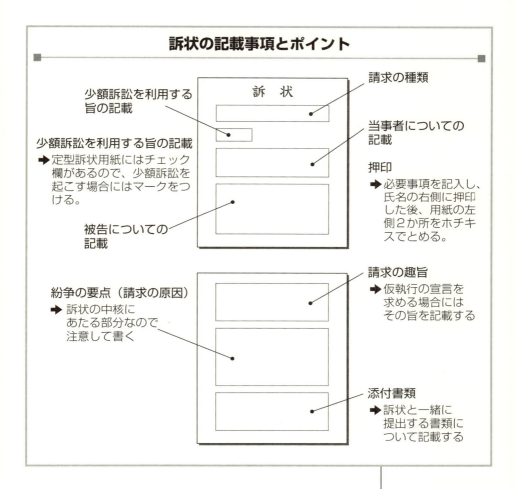

代金）の支払もあり、損害賠償の請求もあります。そこで、この請求がどのような法律関係に基づくものなのかを特定するために、請求の原因を記載するのです。

請求の原因（訴状中の紛争の要点）は、どのようなことが争いとなっており、どのような解決を求めているのかを裁判所に伝えるために記すものなので、通常の民事訴訟における訴状のように、法的に構成される必要はありません。わかりやすく書くことを心がけておけばよいでしょう。

訴訟費用

請求金額に応じて納める訴状の貼用印紙（収入印紙）や郵便切手などが必要。証人を取り調べる場合、その証人が日当などを請求するときは、日当・旅費に相当する額を事前に納付する必要がある。

PART4 8 答弁書の書き方

法的手段と手続き

訴えられた側が提出する書面

■ 訴えられた側の答弁書の記載方法

簡易裁判所には、被告の答弁書についても、訴状と同様に簡略化された定型用紙が用意されています。法的知識を十分もたない人でも利用できるように配慮がなされているのです。答弁書は、原告の主張に対して、どのような反論がなされているのかということについての趣旨が理解できればよく、詳細な記載までは必要ないとされています。なお、少額訴訟ではなく通常の手続きによる審理および裁判を求める場合には、答弁書の最初にあるチェック欄にチェックマークを入れます。

> **定型用紙の記載**
> 定型用紙には、通常、このような文言がすでに記載されている。

■ 答弁書の作り方

答弁書は、原告が訴状で示した請求や、その根拠である法律関係・事実関係について、被告が認めるか否か、あるいは、被告の側から裁判所にどのような判決を求めるかを記載する書面です。この答弁書を提出することによって、訴えられた側は反撃を開始します。答弁書は、催告状に記載された答弁書提出期限までに裁判所に提出します。

答弁書に書くのは、次の事項です。

① 事件番号
② 原告被告の表示
③ 被告の押印
④ 年月日
⑤ 裁判所名（部・係も書く）
⑥ 答弁書の表示

> **原告被告の表示**
> 氏名だけでよい。会社なら会社名だけでよい。

請求の原因に対する答弁

回答方法	内容・効果
認める（自白）	事実を認める。裁判所はその事実に基づいて判決を下す証拠は不要
否認	事実を否定する。原告の主張を裏づける証拠が必要
不知	事実を知らないという陳述 否認と同様の扱い
沈黙（無答）	明らかに争わない場合は「認める」と同様の扱い 争っていると認められる場合は「否認」と同様の扱い

⑦　請求の趣旨に対する答弁（答弁の趣旨）
⑧　請求の原因に対する答弁（答弁の理由）
⑨　被告の主張および抗弁

　この中で大切なのは、⑦と⑧です。⑦請求の趣旨に対する答弁は、どのような事件の場合も通常「原告の請求を棄却する。訴訟費用は原告の負担とする、との判決を求める」とします。

　⑧の請求の原因に対する答弁が、いわば答弁の中身です。原告の主張について、1つひとつ検討していきます。原告の主張を認める場合であれば「認める」、否定する場合であれば「否認」「沈黙」の場合は、弁論全体から見て争っているといえない限り自白とみなされます。自分の知らない点は「不知」としておきます。

　民事訴訟では、被告が原告の主張を認めると、たとえそれが間違っていても、それを事実として取り扱うことになっています。うっかり認めてしまうと、それだけで敗訴になる可能性がある主張もあります。くれぐれも慎重に検討しなければなりません。

PART4 9 手形訴訟・小切手訴訟

法的手段と手続き

証拠調べの対象は原則として手形などに限られる

■ どんな手続きなのか

　通常の民事訴訟では、原告が訴えてから判決がでるまでに早くても数か月、遅ければ数年かかります。しかし、それでは手形や小切手のように決済の迅速性が強く要求される場合には不適当です。そこで、簡易かつ迅速に権利の実現ができる特別の手続きが用意されています。これが手形訴訟・小切手訴訟です。

　まず、証拠調べの対象が、手形や小切手、契約書・領収書など書面による証拠に限られます。本人尋問は許されますが、証人尋問などは許されません。被告が同時に原告を訴える反訴も認められません。このように証拠調べの範囲が限定されていたり、反訴が許されないという制限があるため、手続きは短期間で終了します。さらに、手形訴訟・小切手訴訟では原告勝訴の判決がでると原則として無担保の仮執行宣言がつきます。そもそも、判決が出されても、それが確定するまで強制執行はできないのが原則です。しかし、仮執行宣言がつくと、判決が確定する前でも直ちに強制執行することができます。

　被告が判決に付された仮執行宣言による強制執行の停止を求めるためには、その理由を疎明しなければならなくなり、さらに、請求金額とほぼ同様の保証金を裁判所に出さなければなりません。したがって、被告が強制執行の停止を求めることは、実際には非常に困難です。このように、手形訴訟・小切手訴訟において原告勝訴の判決が下されると、たとえ被告が異議を申し立ててその確定を阻止したとしても、原告はすぐに強制執行を行うことができるのです。

反訴
係属している訴訟中に、被告がその訴訟手続を利用して原告に対して提起する訴えのこと。

疎明
裁判官が確信をもって納得しないまでも、一応確からしいと納得させること。判決に大きな影響を与えるような事実以外の事実については疎明で足りる。

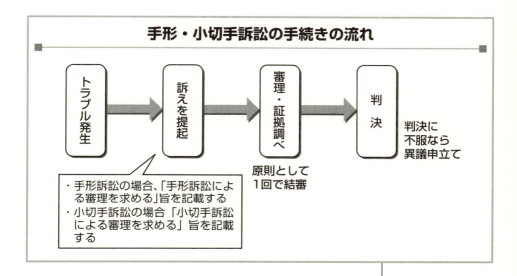

■ 手続きの流れは通常訴訟と同じ

　手形訴訟・小切手訴訟では、まず訴状を裁判所に提出することから開始します。管轄裁判所については、通常の訴訟と同様に考えてかまいません。

　訴状には、手形訴訟・小切手訴訟による審理・裁判を求める旨の申述を記載し、手形・小切手の写しを提出しなければなりません。訴状を受理すると、裁判所は口頭弁論期日を定め、当事者を呼び出すことになります。口頭弁論で行われることは、通常の訴訟と同様ですが、証拠調べの対象は原則として手形などの文書に限られています。弁論は終結すると判決が下されます。

　判決に対しては、2週間以内に異議申立てを行うことができ、異議申立てがあれば、改めて通常訴訟の手続きがとられます。これに対応して、原告側も手形訴訟・小切手訴訟の途中で、通常訴訟への移行を申し立てることが許されています。なお、異議申立後、通常訴訟の手続きがとられた場合は、その判決に対してさらに控訴を行うことも可能になります。

> **管轄裁判所**
> 訴額が140万円を超える場合であれば地方裁判所、140万円以下であれば原則として、簡易裁判所へ訴えを提起する。これとは別に手形や小切手の支払地にある裁判所に訴えることもできる。

手形訴訟・小切手訴訟の訴状の書き方

PART4 10
法的手段と手続き

「請求の趣旨」「請求の原因」に何を書くかおさえておく

■ 必要な記載事項をしっかりと書き、証拠をそろえる

手形訴訟の場合、訴状の書き方は、基本的に通常の民事訴訟と同じと考えてかまいません。

まず、手形訴訟による審理・判決を望む場合には、訴状中に「手形訴訟による審理および裁判を求める」旨を明記する必要があります。なお、記載場所は、通常は「請求の趣旨」の最終部分です。

「請求の趣旨」の書き方は金銭を請求する訴訟の場合と同様、元本と利息を明記します。ただ、利息は満期から年6分と法定されていますので、利息については「平成○年○月○日から支払済まで年6分の割合による金員の支払い」と記載します。

「請求の原因」については、①原告が手形の所持人であること、②手形の内容、③裏書が連続していること、を記載します。それ以外の記載、たとえば手形を受け取る原因となった理由（売買代金・貸付金など）について触れる必要はありません。

これらの3点が主張立証されると、手形所持人である原告が手形上の権利者であると法律上推定されるしくみになっています。その場合、被告側が、原告が無権利者であることや、被告側が特別の抗弁事由を有することなどの積極的な主張や証明を行わない限り、原告の請求が認められます。

訴状には、訴訟の手数料として、請求金額に応じて一定額の収入印紙を貼付しなければなりません。また、証拠として手形の写しを添付することも忘れないようにしましょう。

抗弁事由の例

たとえば、手形が偽造・変造されたものであるような場合には、被告側はそのことを主張・立証して所持人の権利行使を拒むことができる。

手形訴訟、小切手訴訟の訴状の書き方のポイント

手形訴訟の訴状
- 手形訴訟を求める旨
- 請求の趣旨として、元本と利息の金額
- 請求の原因として、原告が手形の所持人であること、手形の内容、裏書が連続していること

小切手訴訟の訴状
- 小切手訴訟を求める旨
- 請求の趣旨として、元本と利息の金額
- 請求の原因として、原告が小切手の所持人であること、小切手の内容、裏書が連続していること

■ 振出日なども忘れずに補充しておく

訴状の作成方法は、基本的に手形訴訟の訴状と同様です。

まず、請求の趣旨には、手形と同じように、小切手も利息は満期から年6分と法定されていますので、「平成○年○月○日から支払済まで年6分の割合による金員の支払い」と記載します。これに加えて、「小切手による審理および裁判を求める」旨の記述が必要です。

次に、請求の原因については、振出人だけを被告にする場合も、裏書人を被告人にする場合も、ほぼ同じように書きます。

手形訴訟や小切手訴訟では、拒絶証書の存否が問題となります。一般に使われている統一用紙では、拒絶証書作成義務が免除されており、訴状にそのことを記載すればよいだけなので、現実に問題となることは少ないものといえます。最後に、証拠となる手形や小切手について説明した目録を提出します。

なお、証拠とする小切手について、振出日がぬけている場合が少なくありません。訴えを起こす前に、必ず補充しておくようにしてください。これは手形の場合も同様です。

> **拒絶証書**
> 裏書人に権利を行使するために必要となる支払拒絶の事実を証明する公正証書。

PART4 11 支払督促の申立て

法的手段と手続き

金額に関係なく利用することができる

■ 簡易裁判所の裁判所書記官に申し立てる

　支払督促は、簡易裁判所の裁判所書記官を通じて相手方に対して債務を支払うように督促する手続きです。

　相手方との間で債権の存在の有無について食い違いがない場合に効果があります。ただし、相手方が督促内容に異議申立てを行うと支払督促の内容そのものについての争いとなるため、訴訟手続きへと移行します。したがって、相手と意見が食い違った場合に、最終的に訴訟となってもかまわないと思えるような場合に支払督促を利用するのが一般的です。

　支払督促の申立てを行う場合、金額の制限はありません。また、通常訴訟でもありませんから、140万円を区切りとした簡易裁判所と地方裁判所の管轄の違いもなく、必ず簡易裁判所の裁判所書記官に申し立てることになります。

■ 審査は形式的になされる

　支払督促の申立てを受けた裁判所の裁判所書記官は、内容についての審査を行いません。

　申立内容が正しいものとして、手続きを進めるわけです。裁判所書記官は、申立てについて、形式的な要件を充足しているかどうかを審査します。たとえば、同じ内容の申立てを二重に行う二重申立ては無意味なことであるため、形式的に判断された上で却下されます。審査は、申立時に提出された書面を形式的に確認する方法で行われます。要件を充足していない場合には、申立ては却下されます。

却下
申立内容を判断することなく申立てを退けること。

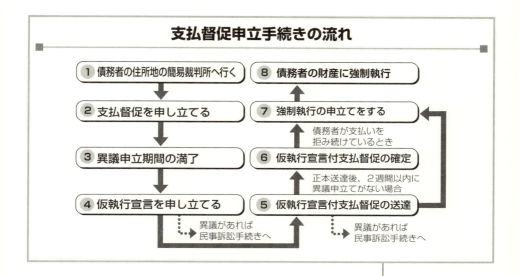

■ 支払督促の対象となる債権の種類

　対象となる債権は、金銭や有価証券などの一定数量の給付請求権です。債権が支払督促の対象となるには、その支払期限が到来していることが条件となります。まだ支払期限が来ていないのに支払督促をすることはできないのが原則ですが、約束手形の支払督促で、約束手形の振出人が破産した場合、債務者が持っている期限の利益を喪失した場合など、一定の場合には支払期限の到来前の支払督促が認められることがあります。

■ 支払督促の申立てを行う簡易裁判所はどこか

　支払督促の申立ては、相手が個人の場合には、相手の住所地を管轄する簡易裁判所の裁判所書記官に対して行います。相手が法人の場合には、事務所や営業所の所在地を管轄する簡易裁判所の裁判所書記官に対して行います。

　管轄があっているかどうかの判断は、申立書に記載される債務者の住所地や法人の事務所・営業所の所在地から判断されます。記載された住所地や所在地が申立てを受けた裁判所の管轄

> **金額の制限はない**
> ５万円程度の借金から億単位の債権回収まで金額の大小に関係なく利用することができる。

> **期限の利益**
> 約束の期限が来るまでは、債務者に支払いの猶予が与えられるという利益のこと。

ではなかった場合、申立ては却下されます。また、実際の相手方の住所地や所在地が、申立書の記載内容とは異なって、申立てを受けた裁判所の管轄ではなかった場合も、却下されます。

支払督促をする原因自体が適法なものではなかった場合、申立ては却下されます。

■ 申立提出や費用

申立書類に不備があると補正処分を受けたり申立てが却下されるので、提出する申立書や添付書類には正確な内容を記載しなければなりません。なお、債権者が支払督促を申し立てると、裁判所書記官がその内容を審査し、形式上問題がないと判断すると債務者に支払督促（正本）が送達されます。送達方法は特別送達という発送方式がとられています。

また、支払督促を申し立てるには、申立手続費用を納めなければなりませんが、かかった費用は、最終的には相手方である債務者に負担させることができます。費用の内訳ですが、①申立手数料、②支払督促正本送達費用、③支払督促発付通知費用、④申立書作成および提出費用、⑤資格証明書手数料、に分けられます。なお、弁護士や司法書士に委任した場合にかかる費用については、申立手続費用に含めることはできません。

■ 仮執行宣言がつけられると効力が異なる

債権者の「金50万円を支払え」という内容の支払督促の申立てに対して、債務者が素直に50万円を支払えば事件は終了します。しかし、債務者が支払おうとせず放置していた場合に、債権者が強制執行をかけるには、支払督促とは別に仮執行宣言の申立てをしなければなりません。

民事訴訟法では、債務者に不服があれば、支払督促を受け取った日から2週間以内に異議を申し立てることができるとしています。債務者が異議を申し立てると、通常の民事訴訟に手

適法ではない場合

たとえば、賭博による借金に対する返済の請求や愛人契約の対価としての金銭の支払請求、利息制限法で定める利息の上限を超える利息を付した借金の支払請求など。

契約内容を証明する書類はいらない

債権者が主張していることが正しいかどうかを判断することはない。したがって、代理権や代表権を証明する書類などを除いて、たとえば契約の存否を証明する契約書などの書類を提出する必要はない。

申立書や添付書類に不備がある場合

補正を求められる。指示された補正を行わない場合、裁判所書記官は一定期間を定めた上で補正を命じる（補正処分）。補正を命じられても行わなかった場合には、その申立ては却下される。却下された後、再び申し立てることができる。

補正処分

定められた期間内に書類の不備の修正を命じる処分のこと。

申立書と添付書類

申立書		
	① **申立書**	「表題部」「当事者目録」「請求の趣旨及び原因」によって構成されている。記載事項は、申立年月日、債権者の氏名・住所、債務者の氏名・住所、請求の趣旨、請求の原因など。
	② **目録などの数**	「当事者目録」「請求の趣旨及び原因」。申立人の分を含めて原則として、それぞれ3通提出する。

添付書類		
	① **申立手数料(印紙)**	収入印紙を申立書に添付して納める。
	② **支払督促正本送達費用**	裁判所から債務者に支払督促正本を送達(郵送)する際にかかる費用。特別送達といって、通常の郵送方法より高額。債務者1人につき、1000円程度。
	③ **支払督促発付通知費用**	裁判所から債務者に支払督促正本の送達と同時もしくはその後に債権者に対して発付される通知にかかる費用。通知は普通郵便。
	④ **申立書作成及び提出費用**	債務者に負担してもらう費用。1000円前後。
	⑤ **資格証明書手数料**	法人の登記事項証明書や法定代理人が申し立てる場合の戸籍謄抄本などのこと(通常1000円程度)。

続きが移行します。その訴訟で、債権者が勝訴判決を得れば、執行文の付与を受けて債務者に強制執行することができます。強制執行は、執行力に基づいて行われますが、執行力は、通常の訴訟の場合だけでなく、支払督促の場合でも発生します。これを仮執行宣言といいます。この手続きによって、債権者は支払督促を申し立てた後、2か月程度で強制執行手続きによって金銭の回収を図ることが可能になります。

なお、30日以内に仮執行宣言付与の申立てをしないと支払督促は失効してしまうので注意してください。

仮執行宣言の申立ては、支払督促の申立てをした裁判所に書面を提出する必要があります。書式についても、支払督促申立書と似ており、それほど難しくはありません。内容としては、仮執行宣言を求める旨や手数料などを記載します。申立てが認められると、仮執行宣言付支払督促の正本が債権者と債務者の双方に送達されます。

相手の住所などがわからないと支払督促は使えない

民事訴訟の場合だと、相手の住所や居場所がわからない場合でも公示送達という方法を利用できるが、支払督促では、公示送達の制度は認められていない(ただし、仮執行宣言付支払督促正本を送達する場合には、公示送達を利用することができる)。

支払督促申立書の書き方

PART4 12
法的手段と手続き

請求する内容と理由を明記する

■ 申立書の構成

申立書は、「表題部」「当事者目録」「請求の趣旨及び原因」によって構成されています。これらの用紙を左とじにして、契印をします。契印は、書類の差し替え防止などを目的とするもので、それぞれの用紙のとじ目にまたがって印を押します。申立書はペン書き・楷書で記入し、原則として算用数字を使います。

・表題部

表題部には、ⓐ支払督促申立書である旨、ⓑ事件名、ⓒ当事者の表示の記載、ⓓ請求の趣旨及び原因の記載、ⓔ申立人の住所・氏名の記載、ⓕ添付書類の他、申立年月日、費用、印紙・切手の額などを記載します。費用については裁判所によって異なる場合があるので確認が必要です。

・当事者目録

当事者目録には相手方の住所・氏名などを記載します。支払督促の手続では債務者が誰かを正確に特定する必要があります。特定は、申立書と当事者目録をもとに行われます。

債務者が個人の場合には、書面に記載された氏名と住所を確認することになります。相手方が法人の場合は、通称ではなく、法人の正式な名称を記載するようにします。

■ 請求の趣旨及び原因の書き方

申立書には、「請求の趣旨及び原因」を記載します。

・請求の趣旨

「請求の趣旨」は、「主たる請求」「付帯請求」「申立手続費

支払督促申立書の分類

申立書

1. **表題部(表紙)**
「支払督促を求める」旨、事件名、申立人、申立手数料などを記載する

2. **当事者目録(2枚目)**
債務者の氏名、住所を記載する。
債権者に対する送達場所が債権者の住所以外のときは、送達してほしい場所を記載する

3. **請求の趣旨及び原因(3枚目)**
請求書の趣旨は、「主たる請求」「付帯請求」「申立手続費用」の3つによって構成されている

用」という3つの内容から成り立っています。

「主たる請求」とは、請求する金額のことをいいます。請求金額は明確に書く必要があります。たとえば、「400,000円」というように端的に表示します。「金400,000円から410,000円の範囲内」「金おおよそ400,000円」といったような曖昧な記載は認められません。

付帯請求とは、おもに完済までの遅延損害金の請求のことです。起算日(いつから請求するのか)と利率(年何％か)を明確に記載します。また、申立手数料や支払督促正本送達費用などを申立手続費用として記載します。

・請求の原因

「請求の原因」には、なぜ債権者はその金額を支払えと主張しているのか、という請求の理由と具体的事実を記載します。つまり、単に「50万円支払え」と記載するだけでは、どのような関係に基づいて請求しているのかがわかりません。そのため、契約日や契約内容を明記し、請求の根拠を明確にします。

> **起算日の記載**
>
> 起算日については、支払督促の申立てまでに起算日が明確になっていないような場合には、□支払督促送達日の翌日の□欄に「☑」をつける。

民事調停・特定調停

PART4 13 法的手段と手続き

裁判所に間に入ってもらい話し合いで解決する

■ 円満な解決を望むなら最適

　あくまでも話し合いで解決したいということであれば、民事調停を利用する方法があります。民事調停は、裁判官と民間人から構成される調停委員会が、当事者間の合意成立に向けて援助・協力するという制度です。

　民事調停は、債権者からでも債務者からでも申立てをすることができます。管轄裁判所は、相手方の住所地を管轄する簡易裁判所です。申立書の用紙は簡易裁判所の窓口に用意されています。申立時には、請求の価額に応じた収入印紙と予納郵券、添付書類を提出します。郵送でも大丈夫です。

　手数料は訴訟手数料の半額で、予納郵券は、裁判所や相手方の数によって違ってきます。

　当事者双方の互譲・協力がなければ調停は成立しません。必ず調停が成立して解決できるという保証はありませんが、取引先との関係を維持しながら、円満な解決を望む場合や、コストの点から、できるだけ早く・安く解決したい場合などには利用してみる価値はあります。

　また、債務の存在は認めているが支払能力に多少の不安がある債務者について、減額や猶予、分割払いなど、ある程度の譲歩をしても、任意の支払いで回収した方が得策な場合などにも、調停は利用してみる価値があります。

　調停が成立すると、訴訟における確定判決と同一の効力をもちます。債務者が調停内容を守らなかった場合には、調停調書に基づいて強制執行をすることもできます。

予納郵券
事前に納めておく郵便切手のこと。

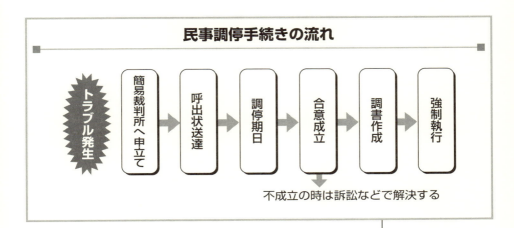

■ 特定調停とはどんな手続きなのか

　特定調停とは、裁判所に債権者と債務者が呼び出され、話し合いで紛争を解決する制度です。これは借金整理専門の民事調停です。裁判所や調停委員はあくまでも中立の立場ですから、すべて債務者に有利にことが運ぶわけではありません。しかし、通常は、債務額や返済方法に関して、債務者の資産状況に配慮した結果となってしまうことは否定できません。

　また、特定調停はあくまで調停ですから、原則として調停相手とされた債権者が同意しなければ調停は成立しません。また、調停の効果は合意が成立した当事者だけに及びます。

■ 強制執行することができる

　特定調停は民事調停とほぼ同じ手続きです。話し合いがまとまれば、調停証書を作成して手続が終了します。当事者が合意に達しなければ調停は成立しませんが、合意が得られた調停案は調書に記載されると訴訟による確定判決と同じ効力をもちます。つまり、調停内容に従った返済計画が実行されなければ、債権者は強制執行することもできるわけです。

Column

債権法の改正

　平成26年8月、法務大臣の諮問機関である法制審議会が、債権法に関する民法を全面的に改正する要綱仮案を取りまとめました。

　改正の理由としては、多くの判例によって確立した法理を明確化し、また不明確な規定を見直すことにより、基本的ルールの明確性・透明性を向上させて、国民一般にわかりやすい民法にする、という点があります。また、明治29年（1896年）の民法制定以来約120年間の社会経済の変化（取引の複雑高度化・情報化社会の進展など）に対応させる、という点も改正の理由のひとつです。

　これをふまえて、平成27年3月提出の法律案では、契約に関するルールが消費者保護に軸足を置いた形でまとめられました。具体的には、①インターネット社会への対応として「約款」に関する規定を新たに設ける、②意思能力のない者が行った契約は無効とする規定を新設する、③商品に瑕疵（欠陥）があった場合に、修補・交換、代金減額請求も行えることとする、④一定の保証契約において保証人になるには、公証人による意思確認と公正証書の作成を必要とすること、⑤「敷金」について定義・返還範囲などに関する規定を民法に明記する、などとしています。その他、これまで5％の固定金利だった法定利率の変動制への移行、債権譲渡禁止特約の効力の制限、職業別「短期消滅時効」の廃止なども盛り込まれました。

　約款や法定金利などについては経済界の抵抗はあるものの、マスメディアを中心に、消費者を保護するものだとして歓迎する論調が大勢を占めています。一方、「民法の長大化・複雑化は会社法の二の舞を招く」「ルールを変更するだけの社会的必要性は認められない」などの批判も根強くあります。平成27年提出の法案成立は見送られました。法案は、成立・公布後3年以内の施行としているため、今後の動向が注目されます。

PART 5

民事執行の手続き

PART5 1 強制執行

民事執行の手続き

国家権力により裁判の結果を実現する手続きのこと

■ 強制執行には債務名義が必要である

　たとえば、金を貸した相手がどうしても借金を払ってくれない場合を考えてみましょう。貸した方は裁判所に訴えて回収しようと考えます。うまく証拠を示して訴訟で勝訴すると、通常は敗訴した相手はおとなしく支払います。

　しかし、ときには裁判で負けても支払わないケースもあります。その場合に、国家権力による強制力を使って裁判の結果を実現することになります。これが強制執行です。

　もちろん、強制執行は、借金の返済のケースだけに利用されるわけではありません。「物を売買したのに代金を支払ってくれない」、逆に、「代金を支払ったのに目的物を引き渡してくれない」というような場合にも利用できます。

　また、自分の土地に勝手に資材などが置かれている場合にも、強制執行によってそれを排除することができます。

　ただ、訴訟で勝ったからといって、債権者が債務者の家の中にまで踏み込んで財産を没収したのでは、秩序ある社会とはいえません。裁判の決着がついた後でも、一定の手続きに従って、秩序ある解決を図ることが法治国家の要請であり、そのために強制執行という制度が設けられているのです。そして、秩序ある一定の手続きとして、強制執行には債務名義が必要とされています。

　債務名義には、大きく分けて2つのものがあります。裁判所での手続きを経たもの（判決など）と、裁判所での手続きを経ていないもの（執行証書）です。

強制執行の分類

強制執行は以下の2つに分類される。
① 金銭債権の執行
不動産を強制的に競売にかけたり、有価証券や株券などの財産を強制的に換金する場合など。
② 非金銭債権の執行
不動産の引渡し・明渡し、物の引渡しなど。たとえば、債権者が不動産の引渡しを求めている場合、執行官が債務者の不動産に対する占有を解き、不動産を債権者に引き渡すという流れで強制執行が行われる。債権者が動産の引渡しを求めている場合は、執行官がその動産を債務者から取り上げて、これを債権者に引き渡すという流れで強制執行が行われる。

おもな債務名義

債務名義になるもの	備考
判決	確定しているものでなければならない
仮執行宣言付きの判決	確定していないが一応執行してよいもの
支払督促＋仮執行宣言	仮執行宣言を申し立てる
執行証書	金銭支払のみ強制執行が可能
仲裁判断＋執行決定	執行決定を求めれば執行できる
和解調書	「〇〇円払う」といった内容について執行可能
認諾調書	請求の認諾についての調書
調停調書	「〇〇円払う」といった内容について執行可能

■ 強制執行について規定する法律

　法治国家の要請として、債権の回収の手段も秩序あるものでなければなりません。そのため、債権債務関係という実体について民法という法律が規定しているように、強制執行の手続きについても法律に規定があります。現在、強制執行については民事執行法という法律が規定を設けています。

　なお、判決が下るまでに、債務者が財産を使ってしまったり、隠してしまうおそれもあります。このように、判決が下る前に、債権者の権利を仮に保全しておく必要もあります。そのような手続きを仮差押・仮処分といいます。これらについては、民事執行法とは別に、民事保全法という法律が規定しています。仮差押・仮処分も広い意味では強制執行に入るので、民事保全法も、強制執行について規定している法律ということになります。

■ 強制執行の種類にはどんなものがあるのか

　強制執行は民事執行法と民事保全法で規定されていますが、具体的にはどのような種類があるのでしょうか。

① 金銭の支払いを目的とする強制執行

債務名義

強制執行を許可する文書。当事者間で債権債務という法律関係の有無について争いがあって、一定の慎重な手続きに従って紛争に終止符が打たれ、債権債務関係が明確になった場合に、その結果は文書という形で残される。それでも、債務者が債務を履行しない場合には、その文書の内容に即して、債権者は国家権力の助力を得て債権を実現することができる。

強制執行を妨害する罪

強制執行を免れるために財産を隠匿したり、損壊したりする行為は刑法で罰せられる（強制執行妨害罪）。債権者の利益を守るためだけではなく、強制執行という国家の行為を保護する必要があるため、刑罰によって強制執行の妨害を禁止している（刑法96条の2）。

強制執行の目的としては、まず、金銭の支払いを目的とするものが挙げられます。つまり、借金を返済してくれないケースや、売買で目的物を引き渡したが代金を支払ってくれないケースの強制執行です。

金銭の支払いを目的とするといっても、もともと担保権の設定を受けずに債務者の財産を現金に変えて弁済を受ける場合と、設定されている担保権を実行する場合とがあります。担保権の実行とは、目的物を競売にかけて換価（換金）し、その中から債権を回収するということです。なお、担保権の設定されていない強制執行では、強制執行の対象に従って、ⓐ不動産に対する強制執行、ⓑ動産に対する強制執行、ⓒ債権に対する強制執行、ⓓその他の財産権に対する強制執行に分類されます。

② 金銭の支払いを目的としない強制執行

強制執行には、金銭の支払いを目的としない場合もあります。

たとえば、土地を借りている賃借人が、期限が切れたのに土地を明け渡さない場合に、建物を収去し、土地を明け渡してもらうための強制執行、売買契約を締結し代金を支払ったものの売主が目的物を引き渡さない場合に、目的物の引渡しを実現するための強制執行などがあります。

③ 仮差押・仮処分の執行

強制執行は、一般的には、判決などを実現するための手続きですが、債権者の権利を確保するための仮の命令を裁判所にしてもらうための、仮差押・仮処分の執行もあります。

■ 誰が強制執行の手続きを行うのか

現在の日本の法制度上、権利を定めるための判決を下す裁判機関と、権利の実現のために執行手続きを担当する執行機関は分けられています。強制執行は、執行当事者本人の手によって行われるのではなく、執行裁判所や執行官といった執行機関によって行われます。

執行の方法

金銭債権の執行の場合、裁判所（執行裁判所）が債務者の財産を強制的にお金に換え、その代金で債権を充足することになる（強制執行）。強制執行は、通常、債権者の申立て、債務者の財産の差押え、財産の強制的換価、弁済金の受領ないし換価金の債権者への配当という流れをたどる。

強制執行と似たものに担保執行があるが、これは抵当権や質権などの担保権に基づいて財産を競売するものである。強制執行と担保執行をあわせて民事執行と呼ぶ。

非金銭債権の執行の場合は、執行官が目的物に対する債務者の占有を強制的に解いて、債権者にその占有を取得させる方法によって行われる。

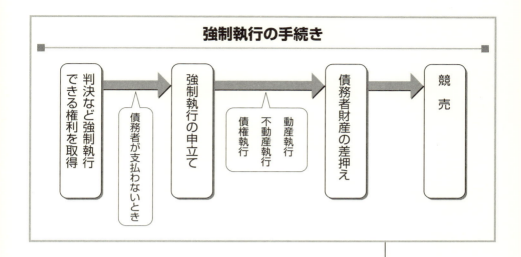

① **執行当事者**

ある請求権につき利害関係をもっているため、強制執行の手続きを求め、あるいは強制執行を受け、当事者として手続きに関与する主体のことを執行当事者といいます。執行当事者は、「申立てをする」「配当要求をする」など、自分の意思で手続きに関与することが認められています。

> **執行当事者**
> 執行手続きを求める者と受ける者のこと。債権者・債務者とも呼ばれる。

② **執行機関**

強制執行は、執行機関によって行われます。判決さえもらえば、どんな方法で誰がやってもよいというわけではありません。一般人が勝手気ままに行うことは許されていないのです。

執行機関には、執行裁判所と執行官があります。執行裁判所と執行官には、それぞれ職域分担があり、強制執行の対象となる財産によって区別されています。

まず、執行裁判所の職務上の管轄（職分）は、不動産、船舶、航空機、自動車・建設機器、債権です。次に、執行官の職務上の管轄は、動産です。大まかにいえば、不動産・債権の場合は執行裁判所、動産の場合は執行官ということになります。

PART5 2 強制執行をするための書類

民事執行の手続き

強制執行をするための証明書が必要

■ 強制執行に必要な書類は３つある

　強制執行が執行機関によって開始されるためには、原則として、①債務名義、②執行文、③送達証明という３つの書類が必要です。いずれも強制執行を知る上では非常に重要な法律概念です。以下、個別に検討してみましょう。

① 債務名義

　債務名義とは、わかりやすくいえば、強制執行を許可する（公の）文書ということになります。当事者間で債権債務という法律関係の有無について争いがあって、一定の慎重な手続きに従って紛争に終止符が打たれ、債権債務関係が明確になった場合に、その結果は文書という形で残されます。それでも、債務者が債務を履行しない場合には、その文書の内容に即して、債権者は裁判所の助力を得て債権を実現することができるのです。債務名義には、実現されるべき給付請求権、当事者、執行対象財産から責任の限度までが表示されます。

　民事執行法22条各号を見てみましょう。そこには、確定判決、仮執行宣言付判決、仮執行宣言付支払督促、執行証書、仲裁判断、確定判決と同一の効力をもつものなどが規定されています。これらはみな債務名義です。

　これらのほとんどのものは、訴訟手続きによって取得する必要がありますが、執行証書だけは公証人が作成できます。

　なお、「確定判決と同一の効力をもつもの」には裁判上の和解調書も含まれます。

② 執行文

執行文
債務名義の執行力が現存することを公に証明する文書。
執行文の付与は執行力を証明することなので、証明することができる資料を保有している機関が行う。判決や調書といった裁判所が関与する債務名義については、その事件の記録が存在している裁判所の書記官が行う。執行証書については、その原本を保管している公証人が行う。

公証人
裁判官や検察官だった人が就任する役職。

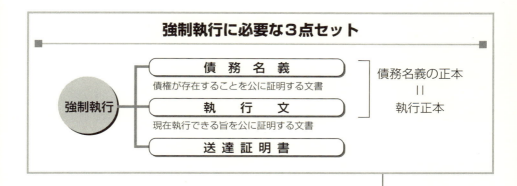

　執行文とは、債務名義の執行力が現存することを公に証明する文書であると考えておいてよいでしょう（民事執行法26条）。つまり、その時点で執行することを、公に証明している文書です。そもそも債務名義があると強制執行を申し立てることができます。ただ、それだけで強制執行ができるのかというと、そうではありません。判決が下されたり、公正証書が作成された後でも、債権債務をめぐる状況が変化していないとは限りません。債務者が死亡してしまい、子どもらが債務のことを知らずに相続をしているケースはありえます。

　また、会社が合併して別の法人となっていれば、債務者の名義の異なった債務名義でそのまま強制執行をすると、問題が生じてしまいます。このような問題を避けるために、債務名義のまま強制執行する効力があることを確認する手続きが用意されています。これを執行文の付与といいます。

③　送達証明

　強制執行手続きは、債権者の申立てに基づいて行われます。執行機関が手続きを開始するためには、債務者に債務名義を送達しておかなければなりません（民事執行法29条）。そして、送達という手続きを踏んだことを証明してはじめて強制執行を開始することができるのです。送達を証明する書類のことを、送達証明といいます。

> **送達証明が要求される理由**
>
> 債務者にどのような債務名義で執行手続きが開始されるのかを知らせ、債務者に強制執行に対する防御の機会を与える必要があるからである。つまり、債権者・債務者双方の言い分を聞いて手続きを行うのが適切であると法律は考えている。なお、送達証明は、裁判所書記官や公証人に申請して発行してもらう。

PART5 3 強制執行と執行文

民事執行の手続き

債務名義を補充する手続的要件である

■ 執行文の役割と種類と付与手続き

　強制執行するためには、債務名義だけでは足りず、執行文も必要になります。債務名義が存在しても、請求権には条件がついていたりしますから、それが直ちに執行に適しているかどうかは必ずしも執行機関にはわかりません。そこで法律は、債務名義とは別の執行文というもう1つの要件を要求することにしました。執行文は、原則として強制執行の要件となります。しかし、少額訴訟の判決や仮執行宣言付支払督促については、これに表示された当事者間で強制執行する場合、執行文は不要です。

　執行文には、①単純執行文、②承継執行文（民事執行法27条2項）、③条件成就執行文（民事執行法27条1項）の3種類があります。

① 単純執行文

　債務名義の内容そのままの執行力を公証する執行文です。執行文が付与されるためには、ⓐ債務名義が存在し、ⓑ強制執行になじむ請求権が表示されていること、ⓒ債務名義の執行力がすでに発生し、存続していること、を要します。

② 承継執行文

　承継執行文とは、債務名義に表示された者以外の者を、債権者または債務者とする場合に必要になる執行文です。たとえば、債務名義に表示された債権が、債権譲渡された場合、相続の対象となって相続人に移転した場合があります。

　承継執行文の付与にあたっては、文書以外の証拠を利用することはできません。文書により証明ができない場合は執行文の

債権譲渡された場合／相続の対象となった場合

このような場合には、債務名義に表示された債権が、債務名義に表示された人以外の人に移転していることになる。民事上の権利は、移転することを予定している。このような場合に、再び、債務名義を取得しなければならないとすると、手続的なムダが生じてしまう。そこで、強制執行制度もこの移転に対応できるように設計されており、これに対応するのが承継執行文の役割である。

条件成就執行文

この事実の到来（条件）の成否にかかわらず執行文が付与され、強制執行を許すことになると、このような条件をつけた意味が失われてしまう。また、債務者からしてみると、条件が達成されていないにもかかわらず支払いを強制させられるということになり不当であるといえる。このような条件がつけられている権利について、その条件の成就の事実を債権者に文書によって証明させ、証明ができた場合に限り執行文が付与される。

執行文の種類

単純執行文	債務名義の内容そのままに執行力を公証する執行文
承継執行文	債務名義に表示された者以外の者を債権者または債務者とする場合に要する執行文
条件成就執行文	債務名義に表示された債権が、一定の事実の到来にかかっている場合に要する執行文

付与が拒絶されてしまいますから、注意が必要です。

③ **条件成就執行文**

債務名義に表示された債権が、一定の事実の到来（条件）にかかっている場合の執行文を、条件成就執行文といいます。条件成就執行文の付与にあたっての証明も前述した承継執行文の証明と同様、文書しか証拠にできませんし、文書による証明ができないときには執行文付与の訴えによらなければなりません。

■ **執行文の付与手続きについて**

債務名義によって、執行文を付与する機関は異なります。

・**確定判決・仮執行宣言付判決・和解調書の場合**

執行文は、その事件の記録を保管している裁判所の書記官が付与します。

・**執行証書を債務名義とする場合**

執行証書とは、債務名義となるための要件を満たした公正証書のことです。この場合、執行文の付与は、執行証書の原本を保持する公証人によって、その執行証書を作った公証役場で行われます。この場合も、書面による申立てが必要とされていますから、執行証書の正本と備え付けの申請書類を提出して行います。

承継・条件成就執行文の証明

執行文を必要とする場合の文書は以下のとおり。
・相続については戸籍謄本
・合併については商業登記事項証明書
・債権譲渡については内容証明郵便

債権者が証明すべき事実（条件）

条件成就執行文は、一定の事実の到来（条件）について、債権者が証明できた場合に執行文が付与される制度である。債権者が証明すべき条件には以下のようなものがある。
・不確定期限
確実に到来するが、いつ到来するのかわからない期限のこと。
・停止条件
一定の事実が成就するまで、法律行為の効力の発生を停止させる条件のこと。
・解除条件
すでに発生している法律行為の効力を消滅させる条件のこと。

PART5 4 財産開示手続き

民事執行の手続き

債務者の財産隠しを防ぎ、回収の実効性をあげることができる

■ 財産開示手続きはどんな制度なのか

金融機関が金銭の貸付けを行う場合には必ず抵当権などの担保権を設定します。このように、はじめから相手の財産がはっきりしていて、担保権を確保していればよいのですが、そうでない場合には、実際のところ債権の回収が困難になるケースも多々あります。せっかく苦労して裁判に勝つなどしても、相手の財産の有無・所在などがはっきりしていないと意味がありません。そこで、事実上、強制執行手続きが可能になるように、債務者所有の財産を開示させる制度が財産開示手続きです。

■ 財産開示手続きを申し立てる

債権者であれば誰でも申立てができるわけではありません。訴訟や調停によって債権が確定している、つまり債務名義をとっている債権者に限定されます。

申立先は、原則として、債務者の住所地を管轄する地方裁判所です。申立ての期間は制限されています。過去3年以内に債務者について、財産開示手続きが実施されている場合には手続きができません。ただ、「債務者が一部の財産を開示していなかった」「新しい財産を取得した」「債務者と使用者との雇用関係が終了した」といった事情がある場合には、例外的に財産開示手続きが実施されます。

■ 手続きの流れはどうなっている

申立ては、申立書に申立てができる債権者であることや申立

申立手数料

財産開示手続実施の申立費用は2000円（民事訴訟費用等に関する法律3条別表第1の11の2イ）。

財産開示の申立てができない場合

債務名義が仮執行宣言付判決、仮執行宣言付支払督促、執行証書の場合には、財産開示手続きを申し立てることができない。

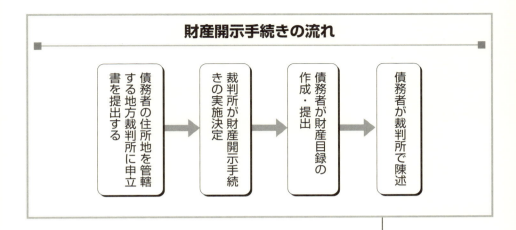

財産開示手続きの流れ

債務者の住所地を管轄する地方裁判所に申立書を提出する → 裁判所が財産開示手続きの実施決定 → 債務者が財産目録の作成・提出 → 債務者が裁判所で陳述

理由、証拠などを記載して提出します。申立てを受けた裁判所は、財産開示手続実施を決定し、債務者を呼び出します。

呼出しを受けた債務者は事前に財産目録を作成・提出した上で、期日に裁判所に出頭します。出頭した債務者は、自分の財産について陳述し、これに対して債権者は裁判所の許可を得て質問をすることができます。債務者が出頭を拒んだ場合には制裁として30万円の過料を科されます。

■財産開示手続きについて留意しておくべきこと

財産開示手続きは、土壇場での債務者による財産隠しを防いで、債権回収を実効的なものにしようとするものです。

ただ、債務者が開示しなければならない財産は、財産開示期日を基準とした債務者の財産です。そのため、直前になって債務者が誰かに財産を売却してしまっても、それについては開示の対象とはなりません。

また、この制度は債務者のプライバシーを開示するものでもあります。そのため、開示された情報を、債権回収以外の目的で第三者に漏らすことは制度上許されないことになっています。これに違反すると、30万円以下の過料が科せられます。

過料
刑罰ではないが、行政上の秩序違反に対して科せられる制裁で、金銭罰として科されるもの。

開示手続きの注意点
はじめから裁判所まかせではなく、事前に債権者自身で調査して、できる限り債務者の財産を把握しておくべきである。

PART5 不動産執行

民事執行の手続き

不動産という財産の特徴をよくとらえておく

■ 不動産執行の特徴

不動産執行は、特徴のよく現れる強制執行であり、その長所と短所をよく理解しておくことが大切です。

① 不動産執行の長所

不動産執行のもっている長所は、一言で言って、債権回収の確実性が高いということです。債権回収の確実性が高いということは、以下の２点から裏付けることができます。

・財産価値が高い

財産の価値が高いということは、競売して現金に変えたときにそれだけ多額の現金に換価され、ひいては、債権をできるだけ多く回収できる確率が高くなるということです。

・公示されているので隠しにくい

不動産は、読んで字のごとく、「動かざる財産」です。大地震や水没でもない限り、所在に変動は生じません。さらに、不動産については登記制度が採用されているので、法務局（登記所）に行けば、その不動産の物理的状態から権利関係に至るまで、誰でも調査することができます。

② 不動産執行の短所

不動産執行には大きな長所がありますが、この長所があるゆえの短所も否定できません。

・担保権設定の対象となり得る

もともと担保権の設定を受けていない一般債権者が、不動産に対して強制執行をかける場合に、すでに担保権が設定され、登記されていれば、その者に優先されざるを得ません。仮に不

財産価値が高い

幸か不幸か、日本の不動産は高い値段で取引されている。競売にあたっては、通常の市場価格よりも安くなるとはいえ、やはり、それなりの価格がつけられ、取引されている。債務者や保証人が不動産を所有している場合には、その不動産に狙いを定めるのが強制執行の常道である。

隠しにくい

不動産執行の長所としては、隠しにくい財産ということが挙げられる。動産はどこかに隠したり、他人に一時預かってもらうことができる。債権は、目に見えずハッキリと姿や形があるわけではない。

不動産執行のメリット・デメリット

メリット	財産価値が高い	債権回収の確率が高くなる
	隠しにくい	所在に変動がなく、登記制度によって公示されている
デメリット	担保権設定の対象となる	他の債権者によって抵当権などの担保権を設けられる
	手続きが面倒	慎重な手続きが行われるため、時間がかかる

動産が5000万円で競売されたとしても、4000万円の債権を担保する抵当権が設定されていた場合には、残りの1000万円からしか債権を回収することはできないのです。

・**手続きが面倒である**

不動産執行は、対象となる財産の価値が高いだけに、より慎重な手続きが要求されます。そのため、不動産執行にあたっては、手続きに時間や費用がかかることは否めません。執行を裁判所に申し立ててから最終的に配当が完了するまで、それなりの時間・費用は覚悟しておくべきでしょう。

■ 不動産執行の対象

不動産執行の対象は、もちろん不動産です。土地や建物が単独所有にかかる場合だけではなく、共有状態にある場合でも、その共有持分に対して強制執行をかけることは可能です。

たとえば、AとBでリゾートマンションを共有している場合に、Aの持分に対して執行するケースや、Xが死亡して、その所有する土地を2人の相続人Y、Zが相続している場合に、Yの持分に対して執行するケースなどです。

なお、登記していない不動産についても強制執行をかけることはできます。

担保権設定の対象となり得る

不動産は高額なため、債権回収の確実性が高い。そのため、債権が発生する際に、抵当権などの担保権を不動産に設定しておいて、債権の確実な回収を図ろうとする者がいることは、むしろ当然のことである。

執行の対象

厳密には、地上権や永小作権も執行の対象となる。しかし、これらの権利が設定されているケースはあまりないので、とりあえずは、通常の土地と建物を、執行の対象としてイメージしておくとよい。

不動産競売手続きの全体像

PART5 6
民事執行の手続き

申立ての後は裁判所が手続きを進めていく

■ 不動産競売手続きの順序

　不動産は財産的価値が非常に高く、しかも、利害関係人が多数存在している可能性があります。そのため、不動産を対象とする強制執行（強制競売）では、慎重を期した手続きが予定されています。手続きの概略は以下のとおりです。なお、本書では、不動産を対象とする強制執行のことを担保権の実行としての不動産競売と区別するために、強制競売と呼んでいます。

① 申立てから始まる

　競売は、債権者が管轄の裁判所に対して、申立てをすることから始まります。申立ては、申立書を提出して行います。裁判所は申立書を審査して、問題がなければ競売開始決定をします。開始決定の正本は債務者に送達され、それによって債務者は手続きが始まったことを知ることができます。

② 現状を凍結する

　競売開始決定がなされると、対象となっている不動産には差押えが行われます。不動産をめぐる法律関係が変動すると手続きが円滑に進められず、債務者が債権者の先手を打って不動産を売却して現金化してしまうおそれがあります。そこで、差押えを行って、その不動産に関する処分を一切禁止することになります。具体的には、裁判所から法務局（登記所）に対して、差押登記が嘱託（依頼）されます。

③ 調査をする

　現状が凍結されると、裁判所は競売に必要な情報の収集を始めます。裁判所は、登記されている抵当権者や仮登記権利者な

情報とは
情報とは、当該不動産をめぐってどのような債権が存在するのかということと、不動産自体にどれだけの価値があるかということ。

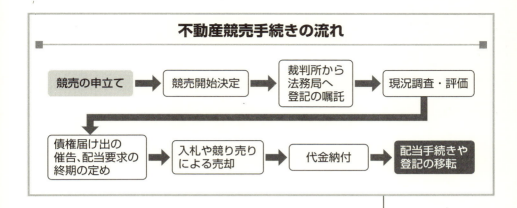

どに対して、期間内に債権の届出をするように催告します。届出によって、申立人の債権以外に、どれだけの債務を不動産が負担しているのか判明します。

さらに、裁判所は、執行官に対して現況調査命令を発し、不動産の占有状態などを調査させ、評価人に対して評価命令を発し、不動産の評価額を鑑定させます。この結果、現況調査報告書と評価書が作成され、裁判所に提出されます。

④ 競売をする

裁判所は提出された現況調査報告書と評価書を基に、不動産の売却基準価額を決定します。そして、売却期日（期間）も決定し、それらの情報を物件明細書として、誰もが閲覧できる状態にします。これを閲覧して競売に参加することができるのです。競売の方法には、競り売り方式と入札方式があります。

⑤ 配当をする

不動産の代金が納付されると、いよいよ配当段階に入ります。裁判所は配当期日を指定し、申立人や届け出た債権者たちに対して、配当期日に配当を行うことを通知します。

納付された不動産の代金ですべての債権を満たすことができない場合には、それぞれの債権者に対する配当額は、担保権の優先順位や債権額に応じて決定されます。

競売の方法

現在では、ほとんどが期間内での入札方式が採用されている。競落人が決定し、その者が代金を納付すると所有権登記も移転する。

PART5 7 入札から代金納付・売却まで

民事執行の手続き

期間入札で行われる

■ 入札・競り売り・特別売却

強制競売について規定した民事執行法には、複数の売却方法が認められていて、裁判所はその中から売却方法を選択します。

① 入札

購入希望者が希望する価格を入札し、その中の最高価格をつけた者に不動産を売却するという方法です。入札には、期間入札と期日入札があります。

② 競り売り

買受けを希望する者が集まって、次々と買受希望価格を提示して、最高価格をつけた者に不動産を売却するという方法です。

③ 特別売却

入札や競り売りの方法で買受人が現れなかった場合に、対象不動産の賃借人や隣人といった関係者に、執行官が個別に交渉して売却を決定する方法です。

■ 保証金の振込みと証明書の用意

裁判所で対象となる不動産の評価が定まり、売却基準価額が決まると、申立人、その他の利害関係人に対して入札の通知書が送られます。また、公告されるので、一般の買受希望者も期間入札について知ることができます。ただ、競売される不動産の買受けを申し出る場合には、提出すべき書類の他に保証金を提供することが必要です。保証金の額ですが、売却基準価額の10分の2が原則とされ、場合によってはそれを上回ることもあります。保証金額は、入札公告に記載されます。

競売が行われるまでの流れ

債権者の申立てに基づいて競売開始決定を行うと、裁判所は、対象になる不動産の現況調査、評価をする。そして、下された評価に従い、不動産の売却基準価額をはじめとする売却条件を決定する。

入札の現状

実際のところ、多くの裁判所で期間入札が採用されている。

買受可能価額とは

競売不動産を買い受ける場合、どのような金額でも申し出ればよいわけではない。買受可能価額は売却基準価額の8割以上の金額とされているので、申出の際はこれ以上の金額を提示しなければならない。

入札書の記入方法

日付・事件番号・物件番号・入札人の住所および氏名（代理人によるときはその住所および氏名も）・入札価額・保証の額・保証の提供方法など、必要事項を記入した上、押印する。入札書は封印して提出する。

保証金の提供方法

期間入札	定められた一定期間の間に、入札を受け付ける方法。裁判所へ出頭しなくても、郵送により入札することができる。
期日入札	指定された日に裁判所に出頭し、入札をして、最高価買受申出人（最も高値をつけた者）をその場で決定する方法。

　保証金の金額が判明した時点で、裁判所に対してそれを提供します。提供方法は、入札方法に応じて異なっています。

　保証金の振込みが完了すると金融機関の発行する証明書（振込金受取書）を「入札保証金振込証明書」に貼付します。この書式は、入札書とともに裁判所に提出することになります。保証金を振り込み、その証明書の用意ができると、いよいよ入札書を作成します。

■ 売却許可決定をする

　開札の期日が到来すると、そこで初めて執行官が入札書用封筒を開封します。そして、入札人それぞれの入札価額を比較し、最高価買受人を決定します。最高価買受人が決定されると執行官は期間入札調書を作成し、執行裁判所に提出します。手続上とくに問題がなければ、執行裁判所は売却許可を決定します。

■ 差引納付の申出をする

　強制競売を申し立てた債権者が入札し、落札をした場合には、形式的には、申立人が売却代金を支払い、その売却代金から配当を受けるということになります。しかし、簡易・迅速な決済のために、代金納付の段階で、受けるべき配当額を差し引いた金額を納付することが認められています。これを差引納付の申出といい、売却決定期日の終了までに申し出ます。

入札書用封筒への封入、提出

期日入札の場合とは異なり期間入札の場合では、開札がされるまでの間に入札書の改ざんなどができないように、入札書を提出する段階で入札書用封筒に封入することになっている。入札書用封筒は、入札書とともに裁判所で交付している。入札書を作成し、入札書用封筒への封入も完了した後は、裁判所に提出する。提出の際には、入札書用封筒だけでなく、振込証明書、住民票、資格証明書といった必要な証明書を添付する。これらの証明書を入札書用封筒に同封しないようにする。

開札の期日

入札人は出席すべき義務はない。ただし、次順位買受けの申出（落札者が買受代金を納付しないときに不動産を買い受ける申出のこと）ができなくなるので注意したい。

PART5 8

民事執行の手続き

担保権の実行としての不動産競売

基本的な手続きは強制競売とあまり変わらない

■ 担保権の設定を受けているときには

　不動産を競売にかけて売却した代金から配当により債権を回収する方法は、強制競売（強制執行）だけではありません。

　もともと、不動産について抵当権など担保権の設定を受けている債権者であれば、担保権の実行としての不動産競売手続きを利用することができます。

　そのしくみについて、具体例を挙げて説明していきます。たとえば、AがB銀行に対して「1000万円の借金をしたい」という申込みをしました。しかし、B銀行も簡単に貸すわけにはいかず、Aから後日返してもらうという確実な保証をとりつけなければ、怖くて貸すことができないと考えます。

　そこで、Aは、B銀行を安心させるために、自分が所有している2000万円のアパートを担保に差し出しました。つまり、「自分は2000万円のアパートを差し出すから、もし1000万円を返せなくなったら、そのアパートを売り払って代金を回収してください」ということになり、この場合、B銀行はAが所有するアパートに抵当権を設定します。

　約束の返済期日になっても、AはB銀行にお金を返すことができませんでした。そこで、B銀行は裁判所に対して、競売手続きの申立てをします。つまり「Aに1000万円貸したが、返してもらえない。そこで、抵当権を設定している2000万円のアパートを誰かに売り払ってお金に代えたいので、手続きをとってください」と依頼するわけです。そして、その依頼に基づいて裁判所はAのアパートを売却することになります。

> **担保／担保権**
> 将来発生するかもしれない不利益に備えてその補いとなるものをつけておくことを担保という。人的担保（保証など）と物的担保（抵当権や質権など）がある。また、担保についての権利のことを担保権という。

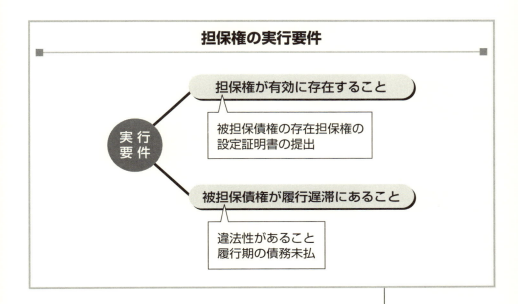

■ 強制競売と担保権の実行の違いと共通点

　強制競売と担保権の実行には、それぞれ共通する点と相違点があります。

　まず、強制競売も担保権の実行としての不動産競売も、結局のところ不動産を競売にかけて売却し、その代金を元に債権の回収を図るという点では同じだといえます。

　しかも、強制競売と担保権の実行は、債権者からの申立てに始まり、差押え→競売→配当という手順も同じです。そのため、双方とも民事執行法で規定されており、担保権の実行としての不動産競売の手続きは強制競売の手続きを準用する形をとっています。

　一方、強制競売では、債務者の不動産を売却する場合、あらかじめ債務名義を取得するために、裁判を提起しなければなりませんが、担保権の実行の場合には、債務名義は必要なく、以下で説明する一定の要件を満たせば、すぐに債務者の不動産を売却することができます。

担保権の実行としての不動産競売の根拠

強制競売は、債権者がすでに獲得している債務名義を根拠にして、強制的に不動産を売却してしまう手続きだが、担保権の実行としての不動産競売は、設定された担保権につけられている優先弁済権が根拠となっている。

強制競売と担保権の実行としての不動産競売

この2つの競売手続きは、もともと別の法律に規定されていたが、手続きの統一性を図るために、今では民事執行法で取り扱っている。

■ 担保権を実行するための要件

以下のものが挙げられます。

① 担保権が有効に存在すること

第一に、担保権は債権を担保するためにこそ存在する権利なので、前提として、被担保債権が存在していることが必要不可欠です。当初から、債権が存在しないのに、抵当権設定契約が結ばれていたとしても、その抵当権は無効です。いったん債権が成立していたとしても、その後に弁済されたりしたため、債権が消滅した場合には、抵当権も消滅します。もし、被担保債権が存在していないにもかかわらず、担保権の実行が申し立てられると、債務者（不動産の所有者）から異議が申し立てられて、競売開始決定が取り消されてしまうことになります。

また、被担保債権が有効に存在していても、抵当権自体が有効に成立していなければ実行は許されません。抵当権設定契約が強迫などによって締結されていた場合、設定契約は取り消されます。そして、実行の申立てをするにあたって、担保権の存在を証明する書類を提出します。通常は、担保権の設定に伴い登記がされているはずなので、不動産の登記事項証明書を提出します。担保権の設定について、登記はあくまでも第三者に対して権利を主張するための対抗要件にすぎないので、登記がなくても担保権の実行を申し立てることはできます。

しかし、未登記あるいは仮登記の担保権については、より強い証明力のある証明書の提出が要求されています。つまり、確定判決または公正証書の提出が必要になります。

② 被担保債権が履行遅滞にあること

①の担保権が存在することの前提として、被担保債権が有効に存在していることを説明しました。ただ、被担保債権については、有効に存在していればよいというものではなく、債務者が履行遅滞に陥っていることが必要とされます。履行遅滞は、単に債務者が期限を守っていないだけではなく、それが違法で

被担保債権
担保権により担保される債権。

対抗要件
当事者間で行った法律行為の効果を当時者以外の第三者に主張するために必要な要件のこと。

確定判決
不服申立てができなくなった判決。

公正証書
公証人が作成する文書。

履行遅滞
履行期に債務を払わないこと。

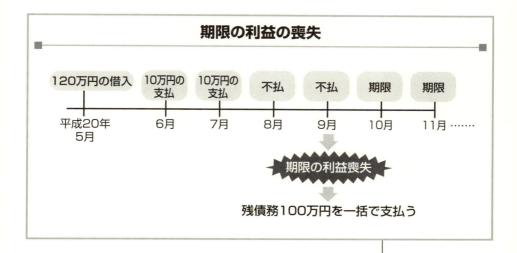

あることが必要です。

　また、債務が分割払いの形式をとっている場合には、期限の利益喪失約款が問題になります。

　たとえば、平成20年5月に、120万円を借りたとします。平成20年6月から12回払いで毎月10万円を返済し、期限の利益は、返済が2か月滞った場合に喪失するとします。平成20年7月までは、順調に返済していたものの、平成20年8月から返済が止まり、9月も返済をしませんでした。2か月間返済が滞ったため、期限の利益を喪失しました。この場合、期限の利益喪失により、残りの債務額100万円を一括で支払わなければなりません。

　分割払いの支払形式をとっている契約では、この期限の利益喪失約款を採用しているケースが非常に多いようです。債務者に全額支払義務が生じるには、債権者によるその旨の意思表示が必要とされている場合と、意思表示は必要なく自動的に生じる場合とがあります。期限の利益喪失により債務者が履行遅滞に陥っている場合には、その旨も申立書に記載して明確にしなければなりません。

> **期限の利益喪失約款**
> 債務者が分割払いを1回でも怠ると、残金全額について弁済の期限が到来するという規約。

PART5 9 動産の強制執行

民事執行の手続き

さまざまな物が動産として執行対象となる

■ 競売を行うのも執行官の仕事

　動産の強制執行とは、債務者の所有する動産を差し押さえて、それを競売にかけ、その売却代金から配当を受け、債権の回収を図る手続きです。不動産は所有権の他にもさまざまな権利義務の対象になっており、財産価値も高いため、競売にあたっては慎重さが強く要請されます。それに対して、動産の場合は、取扱いもしやすいため、競売の手続きは、不動産の場合に比べてかなり簡単なものになっています。もっとも、動産は読んで字のごとく動く財産なので、それに対する競売はやりにくい面もあります。不動産のように登記されるわけではないので、権利関係がはっきりしないケースもありますし、競売できるのかどうかがわかりづらいこともあります。

　動産に対する執行も不動産に対する執行と同様に、債権者の競売申立てによって始まります。申立書や添付書類などの書面を提出することも同じです。

　ただ、不動産の場合と明らかに異なる点としては、執行機関が裁判所ではなく、執行官だということです。執行官は、裁判所にいますが、自ら債務者の下に行き、動産を差し押さえます。競売を行うのも執行官の仕事です。執行官により差押えがなされ、競売がなされると、その売却代金から配当がなされます。

■ 執行の対象となる動産

　ここで扱う動産は、民法に定義されています。動産執行の対象として簡単に換価でき、かつ、資産価値が高いのが有価証券

動産とは

「土地およびその定着物以外の物、ならびに無記名債権（証券に債権者名が書かれていないもの、商品券など）」である。土地の定着物とは土地に付着した物のことで、その代表は建物である。なお、土地の定着物であっても、登記することができず、容易に土地から分離することができるもの（庭園にある石灯籠や庭石、家の門扉や塀など）は、動産として扱われる。

家の門扉や塀など

土地に抵当権などの担保権が設定されていると、その効力が及んでいるので注意が必要である。これらの物を動産執行の対象として考えている場合には、それが置かれている土地の登記事項証明書をとるなどして権利関係を調査する必要がある。

動産執行の対象になるかどうかの判断①

ガソリンスタンドの給油設備や洗車機などは、動産執行の対象となる。また、土地との定着度の低いプレハブなども、動産として扱われる。

動産執行のしくみ

例）住居や店舗内の金品を差し押えたい

動産執行の申立てを検討
↓
地方裁判所の執行官に対して申し立てる — 地裁の執行官室にある定型申立用紙に記載。申立費用と執行費用も用意。
↓
執行官と差押えのための打ち合わせをする — 執行官は、執行や書面の送達を行う。
↓
差押 — 生活に必要な衣服、寝具、家具、台所用品の多くは差押えが禁止されている。
↓
競売 — 債務者の財産は処分禁止とし封印をする。
↓
配当 — 通常は封印された動産のある場所で業者立会いのもと行われる。

です。ただ、有価証券であれば、すべてに動産執行できるのではなく、裏書が禁止されていないものに限られます。裏書とは、有価証券の所持人が第三者に権利を譲渡するために有価証券の裏側に署名・押印をすることです。

■ 執行の対象とならない動産もある

いくら債務者の所有する動産といっても、そのすべてを競売できるわけではありません。債務者とその家族が当面生活していけるだけのものは残さなければなりません。民事執行法では、2か月間の必要生計費として66万円の金銭は執行禁止としています。また、生活に必要な1か月間の食料および燃料についても執行の対象にはできないと定めています。

なお、銃砲刀剣類、劇薬などの危険物、天然記念物に指定されている物などは、特別な手続きが必要になります。もし執行の申立てを希望するのであれば、事前に裁判所に相談してみましょう。

動産執行の対象になるかどうかの判断②

自動車、自動二輪車、航空機、ブルドーザーなどの乗り物・建設機械については、登記・登録されていない場合には、動産執行の対象になる。20トン以下の船舶についても、動産執行がかけられる。農場主や競走馬の馬主、養魚者が債務者である場合に、馬、豚、牛、魚などの動物も動産として取り扱われる。

有価証券の例

具体的には、株券、国債・社債などの債券、約束手形、為替手形、小切手など。

任意売却

事前準備を念入りに行い、取引当日は素早く手続きを行う

■ 利害関係人の合意が必要

競売は手続きに時間がかかる上に回収額が低くなることが多いため、実際には、民事執行法に基づく不動産競売手続きによらずに処分することが多いようです。

競売によらずに不動産を処分することができれば、面倒な手続きを経ることなく不動産の売却によって得た代金を債権の回収にあてることができます。このような方法を任意売却といいます。債権者にとっては非常に便利な方法であるため、実務上よく利用されています。

任意売却は、強制的に行われる競売とは異なって、所有者が売却の意思をもっていることが前提になります。任意売却の対象となる不動産には複数の抵当権が設定されていたり、他の権利が関係している場合があります。また、不動産の所有者とは別に賃借人などの占有者がいる場合もあります。

任意売却を行う場合には、対象不動産を中心として利害関係を有する多数の人が存在しているケースがほとんどです。このような対象不動産の売却によって影響を受ける人を利害関係人といいます。

任意売却を成功に導くには、すべての利害関係人の合意を得る必要があります。合意を得ると一言で言っても、ただ任意売却を行うことについてだけ合意を得られればよい、というものではありません。「利害関係人が債権者の場合、いくらで売却するのか」「売却代金からいくら配分されるのか」「いつまでにもらえるのか」といった、自身の債権回収に関連する内容につ

どんな場合に利用されるのか

任意売却が行われるのは、競売によって、低い額で落札されるのを避けるためであったり、不動産が競売にかけられるという事実を世間に公にしたくない所有者の意向による場合がある。

任意売却の効果

債権者が複数いる場合には、任意売却によって時価に近い価格で売却することができれば、競売によって時価の6～7割程度で落札された場合に比べると、債権回収という側面から見て大きな効果があるといえる。

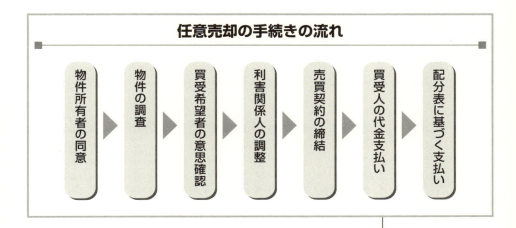

いて検討の上、合意することになります。

　一方、不動産の占有者の場合には、「そのまま占有を続けてよいのか、それとも立ち退かなければならないのか」「立ち退いた場合には、立退料をもらえるのか」「立退料をもらえるとすれば、いくらもらえるのか」そして「いつまでに立ち退かなければならないのか」といった条件について合意できるかどうかを判断することになります。

■ どんな手続きをするのか

　任意売却を行う場合のスケジュールは、大きく分けて、①利害関係人の事前の合意に向けた準備に関する手続き、②買受人を探し出して取引を行うまでの手続き、③取引当日の手続き、に分けて考えると理解しやすいでしょう。

① 利害関係人の事前の合意に向けた準備に関する手続き

　①の段取りが必要となるのは、前述したように任意売却を行うためにはすべての利害関係人の同意が必要だからです。そして、この同意を得るためには、さまざまな条件をリストアップした上で、一人ひとり確認をとっていかなければなりません。

　事前の準備段階においては、債権者・債務者・所有者の実態

任意売却の問題点

競売の場合には任意売却とは異なって、裁判所が主体となって執行を行うため、確実に実行される、という点で安心であるが、任意売却の場合には、関係者が自発的に動いていくしかない。そうしたことから、任意売却の場合には、売却代金の配分について関係者の間でもめたり、価格や配分比率を決定するときに不正が行われることもある。

調査と、抵当不動産の現況調査を行います。これによって抵当不動産を取り巻く環境を把握することができます。

次に、抵当不動産の調査時点での資産価値について査定を行い、売却による回収見込額を見積もります。

以上の資料をもとにして、いよいよ各利害関係人の意向を確認して、売却までの期間、予定している価格、代金の配分方法について同意を取り付けます。すべての利害関係人の同意を得られたら、②の段階に進みます。

② 買受人を探し出して取引を行うまでの手続き

まずは、①で合意に至った条件で買い受けてくれる買受希望者を探します。買受人が見つからない場合や条件面で折り合いがつかない場合には、売却価格の見直しを行います。売却価格を見直した場合には、それに応じて配分の調整を行い、利害関係人にその旨を伝えて同意を得るようにします。

買受人が決まり、売却に関する条件が整った後に、最終的な合意をまとめた上で、取引の日時・場所・当日の段取りを決め、③の当日の手続きに臨みます。

③ 取引当日の手続き

買受希望者の意思確認、利害関係人の調整が終わったら、買受希望者との間で売買契約書にサインします。③の取引当日の手続きは、抵当不動産の売却・抵当権解除・登記抹消手続きと売却代金の受取り・配分を同時に行います。

③の手続き自体は1日で終わらせることになりますが、行う内容は多いので、利害関係人が多い場合には、事前に必要書類を確実にそろえておく必要があります。当日は手際よく取引を進めるためにも弁護士や司法書士に立ち会ってもらうとよいでしょう。

契約書にサインをした後に、契約に基づいて買受人が債権者に代金を支払い、続いて、利害関係人らに配分表に基づいた支払いをすることになります。

抵当権解除
設定されている抵当権を抹消すること。

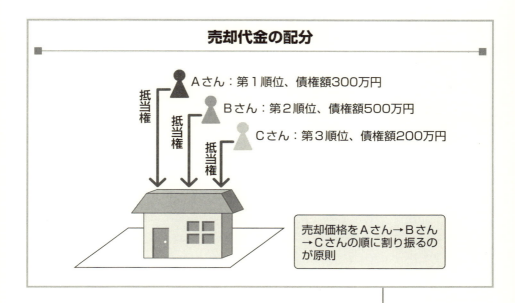

■ 担保の解除と売却代金の配分

　任意売却の取引を行う際には、売買代金の受取りと抵当権の解除は同時に行います。代金の受取りと抵当権の解除を同時に行うということは、配当を得ることのできない劣後債権者（下位債権者）であっても、抵当権の解除と登記の抹消手続きに協力する必要があるということです。そのため、一般的に、配当を受けられない利害関係人に対しては、他の債権者が譲歩することによって、解除料や抹消料（担保解除料）が支払われます。

　なお、任意売却の売却代金の配分については、不動産競売と異なり、配分方法について法的な根拠があるわけではありませんので、実際には抵当権の順位や金額とは異なる基準で配分ルールを定めることも可能です。

　ただ、任意売却はすべての利害関係人が同意しなければ任意売却を行うことはできないため、すべての利害関係人が納得できる1つの基準ともいえる抵当権の順位と金額は、やはり売却代金を配分する際の基準になっています。

調整がつかない場合

利害関係人間で権利を主張し合って譲らないような事態となった場合や不当な権利を主張する人がいるような場合には、競売手続きを進めることも視野に入れて、対応していく必要がある。

PART5 11 債権差押え

民事執行の手続き

不動産や動産に対する差押えとはかなり違う

■ 債権に対しても強制執行ができる

不動産や動産の他に、債権も強制執行の対象になります。ただし、ここで強制執行の対象として取り扱う債権は、一応、金銭の給付を請求することができる債権に限定します。金銭の給付を目的とする債権で典型的なものは、銀行などの金融機関に対する預金債権、会社員などが使用者に対してもつ賃金債権、企業が取引先に対して有する売掛金債権などが挙げられます。

たとえば、債権者Xが債務者Yに対して債権をもっていて、Yが期限に債務を履行しなかったとします。もし、YがZに対して債権をもっていた場合には、Xは強制執行を申し立てて、YのZに対する債権を差し押えた上で、債権の回収を図ることができるわけです。ここでは、Zを第三債務者と呼んでいます。Zは、Yの勤務先や預金先の銀行です。

■ 債権差押命令の効力

債権執行の申立てが認められて、差押命令が第三債務者に送達されると債権差押命令の効力が発生します。これ以降、債務者は第三債務者からその債権の弁済を受けることは禁じられます。また同時に、第三債務者も債務者に対して弁済することはできません。ここでは、債権者をX、債務者をY、第三債務者をZとして、債務者と第三債務者別に、債権差押命令の効力について説明していきます。

① 債務者Yに対する効力

債権差押命令が効力を生じると、債務者Yは、その債権を消

債権執行の長所と短所

・長所
債権の場合は、差し押さえるとそのまま第三債務者から弁済を受ければすむため、競売という煩雑な手続きは必要ない。また、債権は最初から金額がはっきりしているので、差押えの時点で回収できる額が明確になる。

・短所
債権は、姿や形はないので、債務者が誰に対して債権をもっているのかどうかは、認識しにくい。債権者が以前から、債務者の債権について耳にしているなど情報がないと強制執行は申し立てられない。また、たとえ債権の存在が判明しても、すでに何らかの権利関係が設定されていると、それが優先されて執行は空振りとなる。

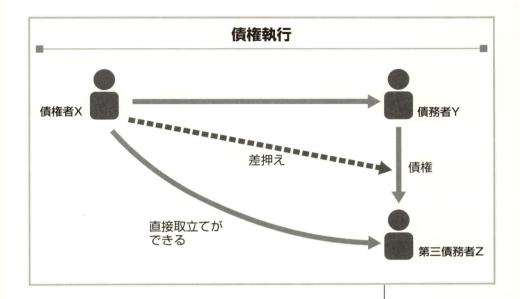

滅させる行為、つまり、第三債務者Zからの弁済を受領することが禁止されます。また、債権をめぐる法律関係を変動させることも禁止されますので、Yは、当該債権を第三者に譲渡することもできなくなります。たとえ譲渡したとしても、この債権譲渡を債権者X、第三債務者Zに対して対抗(主張)することはできません。譲渡はなかったものとして扱われます。

債権に質権を設定することもできません。債権差押命令送達後は、YがX以外の債権者のために当該債権に質権を設定しても、その効力の有効性を主張することはできないのです。

② **第三債務者に対する効力**

第三債務者Zに債権差押命令が送達されると、Zは、弁済など、当該債権を消滅させる行為はできなくなります。もし、ZがYまたはYから債権譲渡を受けた人に対して弁済したとしても、それを債権者Xに対して対抗(主張)することはできません。結果として、二重に弁済しなければならないわけです。

第三債務者

債務者の債務者。たとえば、XがYに対して債権をもち、YがZに債権をもっているときに、Xから見たZが第三債務者となる。

第三債務者のとりうる手段

あちこちから弁済を請求されたり、差し押さえられたりすると、第三債務者が法務局に供託をすることがある。

差押禁止債権

PART5 12
民事執行の手続き

給料は4分の1に相当する部分しか差し押さえることはできない

■ 差押えのできない債権もある

債権の差押えといっても、債権であれば何でも差し押さえることができるわけではありません。とくに、強制執行は国家権力が強制的に個人の財産を取り上げる作用なので、国民の生活を積極的に脅かすことは許されないのです。

もっとも、法律的な意味だけでなく社会的責任も果たしていない者が、人並み以上の生活をすることも違和感があります。

そこで、民事執行法とそれを受けた政令では、各種の観点から調和を図って、差押えのできる債権の限界を設けています。

① 国および地方公共団体以外の者から生計を維持するために支給を受ける継続的給付に関する債権

民事執行法では、国や地方公共団体以外の者から生活のための給付を継続的に受ける債権について、その一部の差押えを禁止しています。もともと、このような債権は、債務者の生活を維持するために、給付されることが約束されたものです。そのため、生活を維持する金額を超過する分についてだけ、差押えを認めることとしています。

② 給料、賃金、俸給、退職年金および賞与などの債権

民事執行法および政令で、差押えが許される範囲を規定しています。まず、差押禁止範囲を決めるにあたっては、給与などが支払われる期間別に基準が定められています。そして、各支払期ごとに支払われる給与の4分の1に相当する部分についてのみ、差押えが許されます。残りの4分の3については、債務者とその家族のための生活費として差し押さえることはできま

差押えのできる債権に限界がある理由

債務者といっても、人間である以上生活していく権利はある。確かに、弁済すべき債務を履行しないのは、問題があるが生活ひいては生命まで危険にさらすことはできない。

給与や退職金の差押えに制限がある理由

債務者が会社員である場合には、まず、給与債権の差押えが考えられる。しかし、給与や退職金などは、労働者が生活していく唯一の「糧」であって、それをすべて取り上げてしまうのでは、生命すら危険にさらしてしまう。一方で、収入は人によってかなり違いがあるので、差押えが許される範囲の判断も難しいものがある。

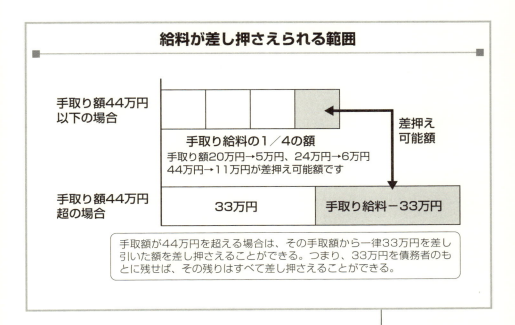

せん。ただ、給与は人それぞれです。月に20万円の者もいれば、80万円受け取る者もいます。原則に従うと、前者は5万円差し押さえられ、後者は20万円差し押さえられることになります。

しかし、後者の場合、あと60万円も残ることになります。これだけ残るのでは、債権者としては納得できるものではありません。このような不合理を防ぐために、政令で支払期別に一定の額を定めて、それを超過する分については、たとえ4分の1を超えても差押えができるものとしているのです。

③ 退職手当およびその性質を有する給付に関する債権

退職手当は、在職中の給与の後払い的性質をもっており、退職後の生活を保障する役割をもっています。そのため、給与の場合と同様に、4分の1についてのみ差押えが許されます。

④ 各法律で規定されている差押禁止債権

社会保障関係の給付は国民の生活保障のための給付であり、これらの差押えは禁止されているのが通常です。

差押禁止の範囲についての変更

計算基準が定められていても、債務者とその家族の置かれている生活環境はさまざまで、債権者から見て、差押禁止の範囲が広すぎて納得がいかないこともある。そのため、債権者または債務者は、差押禁止の範囲について、執行裁判所に対して変更を申し立てることができる。執行裁判所は、債権者および債務者の生活状況などの諸事情を総合的に考慮して変更が相当と判断すれば、これを認めている。

社会保障関係の給付の例

国民年金や生活保護の受給権などは差し押さえることができないものとされている。

転付命令

PART5 13
民事執行の手続き

他の債権者の介入を受けずに債権を移転させることができる

転付命令
たとえ債権者が第三債務者から債権全額について弁済を受けられなくても、債務者との関係においては全額が弁済されたと同視される制度。

実際の運用
実務上の運用では、債権差押命令と転付命令は併用されていることが多い。執行裁判所に対して、同時に双方の命令を求める申立てをすることで、債権の回収をより一層確実にするわけである。

■ 転付命令はなぜよく利用されているのか

債権差押えと似て非なるものに、転付命令というものがあります。実務上よく使用される債権回収の手段です。

① 転付命令と債権差押命令の違い

債権の差押えは、差押債権者が債務者に代わって第三債務者から債権を取り立てるものです。取り立てて自分の債権に充当することが認められているだけで、債権それ自体を取得するものではありません。これに対して、転付命令は、裁判所に申し立てて命令を発してもらう点では債権差押命令と同じですが、債権がそのまま債権者に移転する点で、債権差押命令と異なります。債権譲渡と同じような効果が発生するのです。債権者は、自分の債権として第三債務者から、弁済を受けるわけです。転付命令が効力を生じるのは、それが確定したときです。転付命令は、命令が出されてから1週間以内に不服申立て（執行抗告）がなされなければ確定します。この場合、転付命令が第三債務者に送達されたときに弁済されたものとされます。

② 転付命令の長所と短所

転付命令には、債権差押命令と比べて長所と短所があります。この両者を知った上で、利用してみるとよいでしょう。

長所としては、他の債権者の介入が防げるというところがあります。その一方で、短所もあります。転付命令は、債権としての券面額そのままに、債権者に債権が移転します。これは、債権の券面額通りの範囲で、債権が弁済されることを意味しています。たとえば、XがYに対して300万円の債権をもってい

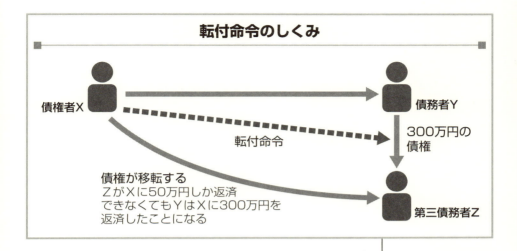

て、YのZに対する券面額300万円の債権につき転付命令を得たとします。この場合、Zに資力がなく、Xに対して50万円しか弁済できなくても、Xは債務者Yとの関係では300万円の弁済を受けたのと同じことになるのです。転付命令は、このようなリスクを伴うので注意が必要です。逆にいえば、第三債務者（この例でのZ）が、資力の確かな大企業・銀行などであれば、確実な債権回収の手段となります。

> **他の債権者の介入を防ぐ**
>
> 債権差押命令の場合、他に債権者がいて、差押え・仮差押が重なったり、配当要求をしてくるケースがよくある。そうなると、通常は、他の債権者と第三債務者から取り立てた金銭を分配しなければならない。債権の全額回収は、まず、不可能になる。しかし、転付命令では、債権をそっくりそのまま独占することができる。

■ 転付命令を受けるための要件

転付命令を受けるためには、次の2つの要件が必要です。

① **他に差押債権者などがいないこと**

第三債務者に転付命令が送達された時点で、目的とする債権に関して、他に差押債権者などが存在しないことが必要です。すでに手続きを進めている者がいるのに、債権を独占させる効果のある転付命令を認めるわけにはいかないからです。

② **券面額（金額）があること**

転付命令については、後日の紛争や混乱を避けるため、目的とする債権には、はっきりとした券面額がなければなりません。

PART5 14 差押債権からの回収

民事執行の手続き

他の債権者が登場することもあり得る

■ 債権者が複数登場することもある

　債務者が債務を履行しないのには、さまざまな理由があります。多くの場合、なかなか資金繰りがうまくいかず、多数の債務を抱えているものです。このような状況下で債権を差し押さえると、債権差押命令の申立てをしている債権者以外に、後から配当要求をしてくる債権者が現れることがあります。また、別個に手続きを始めて、同じ債権を差し押さえようとする債権者が現れるかもしれません。

　このとき問題となるのは、差押債権からの回収です。その債権の券面額だけでは、すべての債権者が全額の弁済を受けることができないのは、むしろ一般的なことだといえます。しかし、債権執行では、最初に債権差押命令を得たからといって優先的に配当を受けられるわけではありません。それぞれの債権額に応じて、按分比例によって差押債権から配当を受けることになります。たとえば、差押債権の券面額が600万円で、債権者Aの債権額が500万円、債権者Bの債権額が1000万円とすれば、Aは200万円、Bは400万円の配当を受ける結果になります。Aが最初に債権差押命令を申し立てたとしても、Bが配当要求をしてきたら、Aは差押債権額の600万円をBと分け合うことになり、500万円全額を回収できないのです。

　しかし、これが常に認められるとすると、債権の回収に勤勉な債権者が不公平感を抱きます。また、いつまでも配当の比率が決まらず、法律関係も不安定になります。そのため、民事執行法では、配当要求や二重差押の場合に備えて、最初に申立て

配当要求の手続き

配当要求は執行裁判所に対して配当要求書を提出して行う。配当要求書には、すでに進行している債権差押命令申立事件の事件番号、債権の原因、債権の額などを記載する。要求がなされると、執行裁判所は、第三債務者に対してその旨を通知する。

按分比例

基準とする数量・金額に従った割合で分けること。

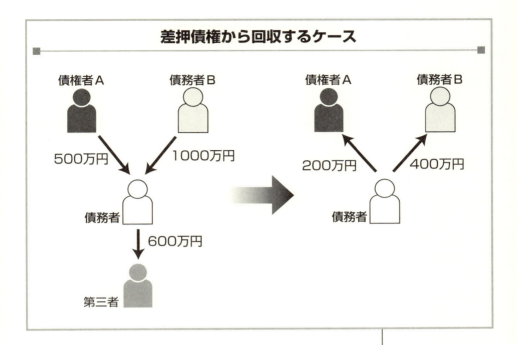

をした債権者と後発の債権者との間で調整を図っています。

■ 配当要求の場合

配当要求は、執行力ある債務名義を有する債権者または先取特権者でなければできません。また、すでに進行している債権差押えに便乗する形をとるので、先行している手続きが取り消されたりすると、手続上の根拠を失うので、配当を受けることはできなくなります。

配当要求は差押債権の存在が前提なので、この通知が第三債務者に到達するまでに、第三債務者が債務者に対して弁済または供託していると、配当要求は認められません。

また、第三債務者が差押債権者に対して弁済を拒んで、差押債権者が取立訴訟を提起したときは、その訴状が第三債務者に送達されれば、その後の配当要求はできなくなります。

二重差押の効力

債権差押命令の申立てをしても、別の債権者が、同じく債権差押命令の申立てをすると、二重差押の状態が発生する。この場合、とくに誰かが優先するわけではなく、按分比例に従って配当がなされることになる。

しかし、後発の債権差押命令の申立てといっても、差押債権の存在が前提となっていることは当然である。そこで、差押え前に第三債務者が弁済または供託している場合は認められない。取立訴訟が提起されている場合も認められない。

PART5 15 回収のための具体的手続き

民事執行の手続き

差押債権者の数などによって具体的手続きが異なる

■ 単独で差し押さえたとき

　差押債権者が1人しかいないときは、手続的にはそれほど煩雑ではありません。差押債権者は、直接第三債務者のところに行って、債権の取立てを行うことができます。

　第三債務者とは債務者の債務者のことです。たとえば、AがBに対して債権をもち、BがCに債権をもっているときに、Aから見たCが第三債務者となります。このとき、第三債務者にしてみるとほとんどの場合、差押債権者は初対面の人間です。債権を取り立てる権限があることと、本人であることまたは代理権があることを証明する書類を用意しておくことが必要です。具体的には、債権差押命令、通知書、免許証、印鑑証明書、委任状などです。申立書に使用した印鑑も持参すべきです。

　とくに、預金債権を取り立てるときは、第三債務者は金融機関であり、相手が本当に取立権限をもっているのかどうかについて細心の注意を払います。事前に必要な書類を問い合わせて、アポイントメントをとっておく方が無難です。

① 　第三債務者から弁済してもらえた場合

　取立てに応じて第三債務者が弁済してくれたら、差押債権者は執行裁判所に対して、その旨を取立届として提出します。もし、第三債務者が供託した場合には、執行裁判所から証明書を発行してもらい、法務局（供託所）にそれを提出して、供託金を受け取ります。

② 　第三債務者が弁済を拒絶した場合

　差押債権者は取立訴訟を提起することができます。

第三債務者

債務者が有している債権の債務者で、債権者から見ると第三債務者と表現される。債権者が債務者に対してもつ債権を回収する際に、この第三債務者に対してもつ債権を差し押さえて、債権者がそれを直接取り立てることによって、債権の回収を図る債権執行などの方法がある。

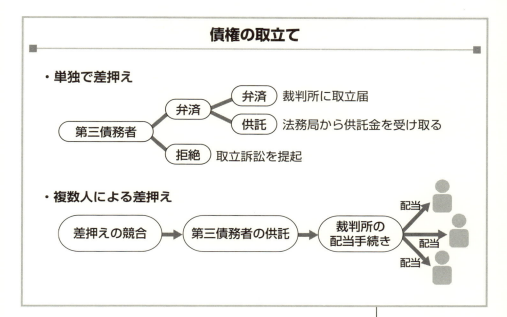

■ 複数の債権者が差し押さえたとき

差押えが競合すると、必ず、第三債務者が供託することになっています。そして、債権者たちは、執行裁判所の進める配当手続きに沿って、配当を受けることになります。執行裁判所から通知があるので、必要書類を確認の上、執行裁判所の指示に従って、期日に出頭することになります。

■ 転付命令により取り立てるとき

転付命令があると、債権者は自分の債権として取立てをすることができますが、取立権限を証明する書類を用意していくことが必要なのは、単独で差し押さえた場合と同様です。

ただ、転付命令の場合は、取立てにあたって転付命令が確定していることが必要なので、その旨を証明する確定証明を執行裁判所に発行してもらいます。発行してもらうには、確定証明申請書を提出します。手数料として150円分の印紙を貼付します。

> **転付命令**
>
> 債務者の第三債務者に対する金銭債権が差し押さえられた場合に出される執行裁判所の命令。この場合、支払に代えて債権をその額面額で差押債権者に移転する命令が出される（民事執行法159条1項）。

Column

少額訴訟債権執行とはどんな制度なのか

　強制執行は通常、地方裁判所が行いますが、少額訴訟にかかる債務名義による強制執行（債権執行）は、債務名義（少額訴訟における確定判決や仮執行宣言を付した少額訴訟の判決など）を作成した簡易裁判所の裁判所書記官も行うことができます。この裁判所書記官が行う強制執行を少額訴訟債権執行といいます。

　少額訴訟債権執行は、少額訴訟手続きをより使いやすいものにするために作られた制度で、通常の場合と比べるとかかる費用が比較的安いことが特徴です。具体的には、請求額が60万円以下の金銭トラブルに利用できる制度で、簡易裁判所で審理されて１日で判決がでます。しかし、判決が即日出されても、債権の執行に時間がかかってしまっては意味がありません。ですから、少額訴訟のスピーディさを生かすためには、少額訴訟の執行手続きも簡易なものにする必要がありました。具体的には、通常の訴訟における強制執行手続きでは、判決を下した裁判所とは異なる裁判所（執行裁判所）により行われますが、少額訴訟債権執行手続きは、少額訴訟を扱った簡易裁判所の裁判所書記官が担当するという特徴を持ち、迅速に手続きを進めることが可能になるしくみを採用しています。

　判決で勝訴を得た上で、債権執行する場合には、地方裁判所に申し立てなければなりません。しかし、少額訴訟債権執行を利用すれば、わざわざ地方裁判所に申し立てなくても、債務名義を作成した簡易裁判所ですぐに執行をしてもらえます。訴訟から執行手続きまで一気にかたがつくことになります。

　少額訴訟債権執行は、債権者の申立てによって、行われますが、少額訴訟債権執行を利用することなく、通常の強制執行手続きによることもできます。

PART 6

民事保全の手続き

PART6 1 保全手続き

民事保全の手続き

裁判所を通した債権の保全手続きを理解しておく

■ 債務者の財産をあらかじめ確保しておく制度

裁判を利用して債権を回収する場合、訴えの提起にはじまり、審理の結果として勝訴判決を得てから債務者の財産に強制執行をかけて、現実に金銭の支払いを得ることができます。

このとき、勝訴判決を得たからといって、すぐに強制執行ができるわけではありません。勝訴判決をもとに、執行文つきの債務名義という書類を得て、はじめて強制執行が認められます。

このように、裁判手続きにより債権を回収するには、勝訴するまでにかなりの時間がかかり、勝訴してからもそれなりの時間がかかります。その時間が経過する間に、債務者が自分の財産の中で価値の高い物を他の債権者や第三者に売却してしまう可能性や財産隠しを行う可能性もあります。場合によっては、こちらが訴訟を起こす前から、すでに財産隠しに着手しているという場合もあります。

債務名義などの強制執行の準備が完了し、やっと強制執行手続きが開始したときには、債務者の元から価値の高い財産はすべて売却されており、せっかくの強制執行も実際には何の役にも立たないことになります。裁判に勝ったとしても、債権の回収が事実上、不可能となる事態が生じる可能性もあるのです。

つまり、請求に応じない債務者に対しては、最終的に訴訟ということにならざるを得ませんが、その前に、債務者の出方を封じておく必要があるということになります。

そのような場合に利用できる手段が保全手続きです。保全手続きとは、債権者が強制執行をかける場合に備えて、債務者の

保全手続きの役割

請求に応じない債務者に対しては、最終的に訴訟ということにならざるを得ないが、その前に、債務者の出方を封じておく必要がある。
こちらが訴訟を起こしたということになると、起きてくるのが債務者の財産隠しである。せっかく訴訟を起こして、強制執行できるということになったとしても、財産のない債務者からは何もとれない。強制執行してとり上げるだけの財産が債務者にないということになれば、多くの時間や費用をかけて、やっと手に入れた勝訴判決でもムダになってしまう。そうならないためにも、債務者の財産隠しを封じる手を打っておかなければならない。そのとき利用できる手段が保全手続きである。

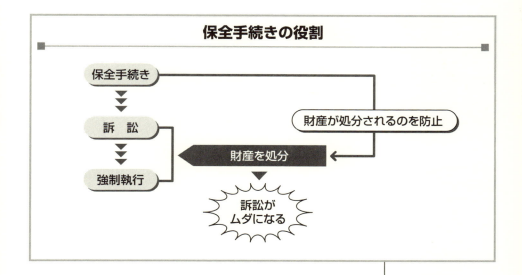

財産をあらかじめ確保しておく制度をいいます。

■ 仮差押と仮処分
保全手続きは大きく仮差押と仮処分の2つに分けられます。

① 仮差押

金銭の支払いを目的とする債権（金銭債権）のための保全手続きで、金銭債権の債務者が所有する特定の財産について現状を維持させる保全手続きです。たとえば、AがBに対して金銭債権を持っているとします。この場合に、AがBの土地を仮差押したときには、Bは自分の土地でも、その土地を売却したりする処分に制限が加えられます。

② 仮処分

仮処分は、仮差押と異なり金銭債権以外の権利を保全するために必要になります。仮処分には、係争物に関する仮処分と仮の地位を定める仮処分があります。具体的には、占有移転禁止の仮処分や従業員が不当解雇された場合の賃金の仮払いを求める仮処分などがあります。

民事保全
本案訴訟の判決を待っていたのでは、債権者の権利の救済が困難になることから、裁判所が暫定的に債権者のために救済措置をとっていく制度である。

係争物
訴訟において、争いの目的となっている物のこと。たとえば、建物明渡請求訴訟の場合は、明渡を求めている特定の建物のことを指す。

PART6 2 仮差押

民事保全の手続き

財産を法的に動かせない状態にする手続き

■ どんな場合に仮差押をするのか

　仮差押とは、債務者が財産を処分することを暫定的に禁止する民事保全手続きのひとつで、金銭債権の将来の強制執行を保全するために行われる手続きです。

　まず、民事保全のひとつである仮差押とはどのようなものかについて、事例で説明すると、次のようになります。

　AがBに1000万円を貸したが、Bは約束の期日に返そうとしません。ここで、あなたがAB どちらかの立場に立ってイメージして読み進めていけば、より具体的に理解していくことができるでしょう。ここでは、とりあえず債権者Aの立場に立って読み進めていってください。

　ところで、民事保全では、「債権者」「債務者」という言葉が煩雑に出てきます。通常「債権者」といえば、お金を貸している人間を指し、「債務者」といえば、お金を借りている人間を指します。しかし、民事保全の世界でいうところの「債権者」とは、単に民事保全を申し立てている側の人間を指し、「債務者」というのは、申立てを受けている側の人間という程度の意味だと理解しておいてください。

　話を戻しますが、AはBを相手どって、金を返せという民事訴訟を起こすことを決意しました。しかし、Bのめぼしい財産といえば、Bが所有している持ち家だけです。さらにBは、他にも何件か借金を抱えています。このままだと、いつ何時、Bが持ち家を処分してもおかしくありません。処分されてしまうと、たとえAが裁判を起こして勝訴しても、後日資力のなく

民事保全の対象にならないもの

そもそも本案の存在を予定していないものは民事保全の対象にはならない。たとえば、民事執行法55条・77条は、競売不動産を不当に占有して競売を妨害している者がいる場合に、差押債権者の申立てによって裁判所が占有を禁止することを命じることができると規定している。しかし、これは単なる裁判所の執行命令にすぎず、差押債権者の具体的な本案の権利を実現しようとしているわけではない。

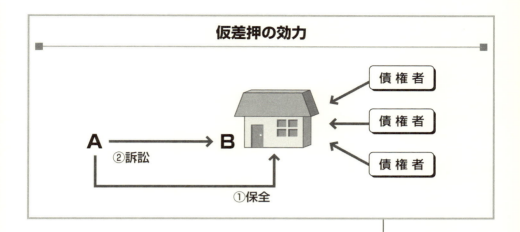

なったBからお金を返してもらうことができなくなります。

そこで、AはBの持ち家が処分されてしまうことがないように、持ち家という唯一の財産を守っておく（保全しておく）必要があります。このように、AがBから、（民事上の）貸金債権をとりはぐれないようにするために、Bの財産を法的に動かせない状態にしておく（保全しておく）手続きが仮差押です。

ところで、仮差押手続きをとったAは、その後に民事裁判（貸金返還請求訴訟）を起こさなければなりません。仮差押は、あくまでも、その後の民事裁判で争っていく権利を一時的に保全（確保）しておくという程度の意味しかありません。ですから、仮差押の後に裁判（訴訟）を起こさなければ、仮差押の申立てそのものが裁判所に取り消されてしまうこともありますので注意してください。

なお、仮差押の申立ての後に民事訴訟で争っていく事件（本例でいえば貸金返還請求事件）のことを本案といいます。

このように、仮差押や仮保全といった民事保全手続きは、本案の権利の実現という債権者本来の目的を達成していくために、本案に先立って（もしくは同時に）申し立てる手続きだといえます。

特殊保全

民事保全手続きの多くは民事訴訟法の規定の準用（解釈によるあてはめ）によって行われるが、中には他の法令に保全手続きを委ねているものもある。たとえば、会社法、会社更生法、民事再生法、家事審判法の保全命令や行政事件訴訟法に規定された処分の執行停止などである。これらを特殊保全という。

PART6 3 仮処分

民事保全の手続き

金銭債権以外の権利を保全する手続き

■ 係争物に関する仮処分

仮処分には、①係争物に関する仮処分と②仮の地位を定める仮処分の2種類があります。また、係争物に関する仮処分には、占有移転禁止の仮処分と処分禁止の仮処分があります。

たとえば、アパートの賃貸人であるAが、賃料を滞納しているBに、賃料不払いを理由として建物明渡請求訴訟を提起したとします。もし、なおも占有を続けるBが、その後、暴力団員Cと転貸借契約（又貸し契約）を結んだ場合、明渡訴訟を何か月もかけて、勝訴判決を得ることができたとしても、Cが占有をはじめた後では面倒なことが起こるのは目に見えています。

そこで、Aとしては、BがCに建物を引き渡さないように、早急に手を打っておく必要があります。その方法が、占有移転禁止仮処分の申立てです。Aは、本案の建物明渡訴訟を提起前もしくは同時に、この申立てをしておくことで、Cの占有という事態を回避することができるようになります。

■ 処分禁止の仮処分

時計の所有者であるAが、預けた時計を返還期日になっても返さないBに対し、動産引渡し請求訴訟を提起したとします。もし、訴訟の最中に、Bが第三者Cに時計を売ってしまった場合、Aは、すでに時計を持っていないBに対して「時計を引き渡せ」という訴えを続けていることになり、たとえ勝訴しても、Bから時計の引渡しを受けることができなくなります。Aは、このような場合に備えて、Bに時計の処分をさせないようにす

係争物

訴訟において、争いの目的となっている物のこと。たとえば、建物明渡請求訴訟の場合は、明渡を求めている特定の建物のことを指す。

処分

財産権を移転させたり、財産の現状や性質を変えたりすること。処分行為ともいう。具体的には、売却したり、廃棄したりすることをいう。

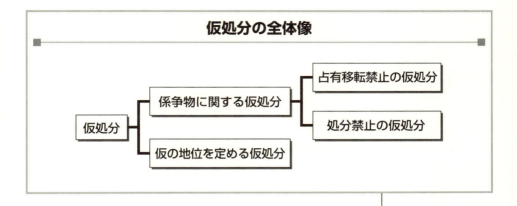

る必要があります。これを処分禁止の仮処分といいます。

■ 仮の地位を定める仮処分

　A会社の従業員Bが、不当な理由で解雇されたとして、A会社を相手どって、解雇無効確認訴訟を提起したとします。

　A会社は自分たちが下したBの解雇という決断が法的に正当であるということを全く疑っていないため、解雇言い渡し後、Bは会社で働くことができなくなり、給料をもらうこともできなくなります。

　しかも、本案訴訟の判決が確定するまでには、数か月かかるのが通常です。Bとしては、その間の生活を保障してもらう意味も込めて、判決が下りるまでの賃金を保障してもらう手立てを講じておきたいところです。

　その方法として、Bは、判決が確定するまで従業員としての地位を会社に認めさせて、賃金が支払われるように裁判所に申し立てることができます。これを従業員（労働者）の地位保全および賃金仮払いの仮処分の申立てといいます。申立てが認められると、BのA会社における従業員としての地位が保障されると同時に、BはA会社に賃金の仮払いを請求することができるようになります。

> **本案**
> 訴訟上の問題ではなく、実体法上の権利関係（請求権の根拠となっている法律など）についての主張のことを指す。本案についての主張を本案の申立てと呼ぶ。

PART6-4 民事保全の手続き

申立先と申請手続き

管轄に注意して申立てを行う

■ どこに申し立てればよいのか

保全命令の申立先は法律上決まっています。たとえば、保全命令事件が不動産の仮差押である場合、本案訴訟を管轄する裁判所もしくは仮差押の対象物である不動産の所在地を管轄する地方裁判所が申立先になります。もっとも、本案訴訟は、当事者の合意によって裁判地を決めることができ、本案の管轄裁判所を保全命令事件の管轄とすることが認められているので、保全命令事件の管轄が法定されている意味は薄いです。

■ 発令裁判所と執行裁判所の区別

仮差押命令を発令した裁判所は、当然に保全執行手続きまで行えるわけではありません。保全命令を発する裁判所を発令裁判所、保全執行を行う裁判所を執行裁判所と呼び、両者は区別されています。なお、発令裁判所が同時に執行裁判所となる場合は、改めて保全執行の申立てをする必要はありません。

■ 審理から担保提供まで

仮差押または係争物に関する仮処分は、裁判所は書類の審査だけで申立ての可否を決めることができますが、通常は債権者審尋問を行います。場合によっては債務者審尋も行います。

仮の地位を定める仮処分は、債務者に重大な影響を及ぼすため、口頭弁論または債務者審尋を経ることが原則です。

保全命令の申立てが認められると、裁判官が担保決定を下し、その後に口頭で債権者に告知されます。債権者は担保を登記所

申立先を間違えた場合

管轄違いの場合は、民事保全法によれば、裁判所の職権で必ず移送しなければならない。ただし、実務上は、裁判所書記官から債権者が管轄違いの指摘を受けた後で、自発的に申立てを取り下げて、管轄裁判所に申し立てることがほとんどである。

申立てに必要な書類

債権者（民事保全では、申し立てる側の人間の呼称）は、下記の必要書類をそろえて管轄裁判所に保全命令の申立てをする。
・申立書1通
手数料として、1個の申立てにつき貼用印紙2000円を納める必要がある。
・資格証明書、不動産登記事項証明書（不動産仮差押の場合）、訴訟委任状（弁護士に委任した場合）、疎明書類の原本と写し各1部
資格証明書は3か月以内に発行されたものを提出する。

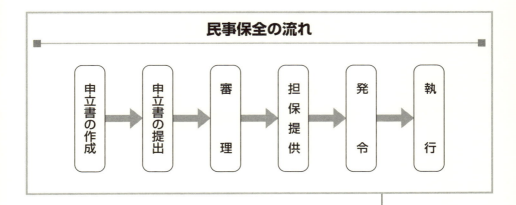

に供託して、供託正本とその写しを発令裁判所に提出します。各種目録書類や登録免許税なども提出する必要があります。

■ 発令と執行手続き

　裁判所は債権者に保全命令正本を送達します。債務者に秘密裏に進められる必要のある民事保全は、債務者には送達しません。しかし、債務者に義務を課するような場合は、債務者への送達が必要です。具体的な執行方法は対象ごとに異なります。たとえば、不動産の仮差押を行う場合は、占有者（債務者）を強制的に立ち退かせるのではなく、法務局に登記を嘱託するか、強制管理の方法もしくはこれらを併用する方法によります。

■ 保全命令申立後の不服申立ての種類

　保全命令の申立後に当事者に認められているおもな不服申立てには、即時抗告、保全異議、保全取消し、保全抗告があります。即時抗告は、保全命令の申立てを却下する裁判所の決定に対して、債権者に認められている不服申立てです。保全異議と保全取消しは、いずれも保全命令が発令された場合に債務者に認められている不服申立てです。前述した保全異議または保全取消しの申立てについての裁判に対する不服申立てが保全抗告です。

担保
保全執行手続きのために、債権者が金銭などを裁判所に納めること。本案で勝訴すれば、裁判所の決定を経て取り戻すことができる。

保全命令申立後の不服申立ての種類
・即時抗告
債権者は、却下の告知を受けてから2週間以内に申し立てなければならない。
・保全異議
保全命令の要件が存在しないとして、保全命令の取消しを求める場合をいう。
・保全取消し
保全命令は一応有効に存在するが、その後に被保全権利または保全の必要性に関し発令時と異なる事情が生じたことなどを理由として保全命令の取消しを求める場合をいう。
・保全抗告
保全異議または保全取消しの申立てについての裁判に対する不服申立て。債権者・債務者どちらからでも申し立てることができる。

保全命令の申立て

民事保全の手続き

被保全権利と保全の必要性を疎明しなければならない

■ 被保全権利の存在を疎明する

　AがBに金を貸したが、Bは約束の期日になっても返そうとしないというケースで考えてみましょう。Bは他にも数件借金を抱えており、唯一の財産は持ち家だけです。この状況では、いつ持ち家が処分されてもおかしくありません。そこで、Aは貸金返還請求訴訟を提起する前に、保全命令（不動産の仮差押）を申し立てました。

　保全命令の申立ては、その趣旨、被保全権利、保全の必要性（疎明で足りる）を明らかにして行われなければなりません。被保全権利とは、本事例では、貸金債権のことを指します。Aは、Bとの金銭消費貸借契約書を提出することで、貸金債権の存在を疎明することができます。

■ 保全の必要性を疎明する

　保全命令は、保全の必要性がある場合に発令されます。本事例では、Bが唯一の財産である持ち家を売却してしまうと、貸金債権の強制執行をしても債権を回収することが難しくなる、ということをAが疎明しなければなりません。もしBが持ち家の他に別荘を所有しているといった事情がある場合には、保全の必要性は認められないことになります。

■ 執行対象物を確認する

　執行対象物の問題で調査と判断が難しいのは、債権を仮差押する場合です。債務者が会社や事務所だと、取引先を調査して

被保全権利
保全すべき権利または権利関係のこと。

疎明
「一応確からしい」という推測を裁判官に生じさせること。

保全の必要性
本案訴訟の判決が出るまでに、債権者を暫定的に救済することを必要とする事情のこと。保全の必要性は、民事保全の種類によって異なる。

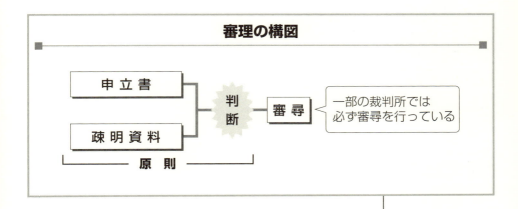

売掛金や請負代金などを仮差押していく手続きをとらなければなりません。その場合に、どの債権を対象にするかはケース・バイ・ケースで判断していくことになります。債権の仮差押は、債務者に大きなダメージを与えてしまう可能性があることから、実務上は裁判所の方で慎重な対応をとっています。

■ 疎明資料をそろえる

　保全命令を申し立てるには、申立書類の他に、疎明資料と添付書類をそろえて提出します。たとえば、前述した貸金返還請求訴訟の場合だと、金銭消費貸借契約書を疎明資料として添付します。他にも、念書なども疎明資料になります。また、申立書の「疎明方法」の表示欄には号証番号を振らなければなりません。

　なお、債務者の現住所と、提出した疎明資料に記載されている住所とが異なる場合は、同一性の証明をする必要があります。

■ 添付書類をそろえる

　添付書類とは、本件保全命令の申立てに登場する債権者、債務者や、申立ての客体の存在を証明するための資料のことです。たとえば、不動産であれば、不動産登記事項証明書などが添付書類になります。

同一性の証明

債務者の現住所と疎明資料の記載住所とが異なる場合に、債務者が同一であることを証明するために住民票や商業登記事項証明書などを提出すること。

PART6 担保制度

民事保全の手続き

保全命令を申し立てる際に担保を提供する

■ 無担保で発令されることはほとんどない

債権者が申し立てた保全命令が違法または不当な場合、債務者は損害を被ることがあります。

担保制度は、こうした場合に、債務者を保護するための制度です。保全命令は、無担保で発令されることはほとんどありません。また、担保の額は、請求債権額や目的物の価額、疎明の程度を考慮して決定されます。

■ 担保提供期間は何日間か

債権者が担保を提供する期限は、裁判所によって異なります。ただし、どこの裁判所も、担保決定の告知があった翌日から3～7日程度に期限を設定しているようです。

この期間内に担保を提供しないと申立てが却下されてしまいます。裁判所によっては、一定の要件を満たせば、担保期間の延長を認めています。

■ 担保の提供は金銭以外でもできるか

担保提供の方法には、金銭提供の方法、有価証券提供の方法、支払保証委託契約を締結する方法、当事者間の特約に基づく方法、の4つがあり、基本的には金銭提供の方法によります。

有価証券による担保の提供が実際に認められているのは、国債や地方債のように、長期的に価額が安定していると思われるものだけです。具体的な評価額は、たとえば、国庫債券や地方債券は、額面の20～40％増の評価がなされています。

担保とは
債権者が保全命令の申立てをする際に納めなければならない金銭などのこと。

疎明
裁判官が確信をもって納得しないまでも、一応確からしいと納得させること。判決に大きな影響を与えるような事実以外の事実については疎明で足りる。たとえば、民事保全において、仮差押などの申立てをする場合、申立人は申立てに係る権利または権利関係と、仮差押をする必要性について、裁判所に疎明しなければならない（民事保全法13条）。

担保の提供は第三者でもできる
担保の提供は債権者本人が行うのが原則だが、債権者の親族などの第三者もできるとされている。ただし、第三者が申し立てる場合は、裁判所に上申書を提出して裁判所の許可を得ることが必要になる。

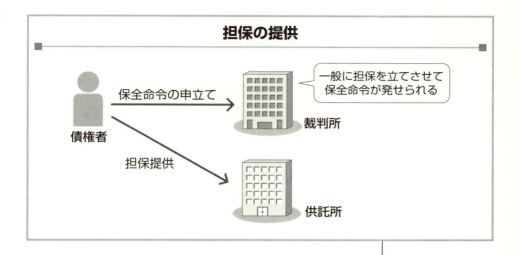

■ 債権者または債務者が複数いる場合の申立方法は

　担保額は、各人ごとに決められていくのが原則です。しかし、実際上の便宜から、債権者や債務者が複数いる場合には、共同担保の方法が認められています。なお、裁判所が共同担保を決定すると、「債権者らは、共同の担保として金200万円を5日以内に供託すること」「債権者は、担保として債務者らのために全部で金200万円を5日以内に供託すること」といった決定文書が債権者に告知されます。

■ 担保の変換手続きとはどのようなものか

　担保の変換とは、最初に提供した担保を、他の担保に変えることをいいます。担保の変換をするには、担保決定をした裁判所に対して申し立てることが必要です。
　裁判所が担保の変換を認めると、担保物変換決定を下すことになります。申立人がすでに変換決定前の担保を提供しているときは、供託金の払渡しを請求することができます。また、支払保証委託契約を結んでいる場合は、銀行などに対して解約手続きをすることになります。

共同担保
債権者が複数いる場合に、担保を債権者全員が一括共同で申し立てたり、複数の債務者全員のために担保を一括して申し立てることをいう。

共同担保
強制執行がなされようとしている場面で、債務者は担保を提供することで強制執行を免れることができる。担保の提供は金銭や有価証券で行うのではなく、担保提供者と金融機関との間の保証契約で行うこともできる。このとき、金融機関と締結される契約が、支払保証委託契約である。担保の提供方法としては、支払保証委託契約の他に、供託がある。

PART6 7 登記の方法による不動産仮差押

民事保全の手続き

登記の嘱託は裁判所書記官が行う

■ 不動産の仮差押をする

不動産に対する仮差押の執行には、①仮差押の登記をする方法、②強制管理の方法、③両者を併用する方法、の3つがありますが、ここでは①の方法について説明していきます。

■ 具体的にどのように行うのか

仮差押の登記は、執行裁判所の裁判所書記官による嘱託によってなされます。

「登記を嘱託する」というのは、「債権者のために仮登記を設定してくれ」と裁判所から登記所にお願いすることをいいます（ただし、例外として、債権者が登記嘱託書を登記所に直接持参する場合があります）。仮差押の登記が設定されると、以後、債務者が当該不動産を処分したり、第三者に抵当権を設定されても債権者の仮差押の権利が優先することになります。

■ 登記嘱託後に登記所から却下された場合

保全命令の申立てが認められた後の手続きは、裁判所主導で進められていくのが基本です。ですから、債権者としては高見の見物をしていればよいということになりそうです。

ところが、登記嘱託後に登記所から裁判所に対して「この登記嘱託は受け付けることができません」と言われて、登記嘱託が却下される場合があります。これは、登記嘱託をした裁判所書記官に手続上のミスがあったことだけが原因ではありません。他にも原因として考えられるのは、嘱託の前後で事情の変更が

強制管理の方法による仮差押

強制管理とは、債務者が家主として受け取っている賃料を差し押さえた上で、取り上げて各債権者に分けていく手続きのこと。

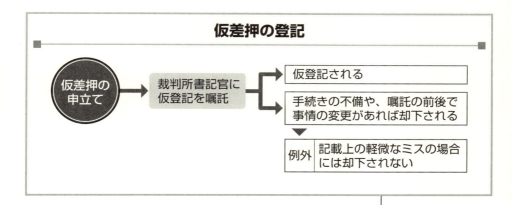

あった場合、債権者にミスがあった場合などです。以下、具体例で説明しましょう。

① 記載上の軽微なミスが嘱託書の中から見つかった場合

このケースは軽微なミスなので、登記所で誤字を訂正して、その訂正した書類によって嘱託をやり直すことができる場合もあります。ただし、ケースによっては、裁判所が保全命令の更正決定をして、その正本を登記所に送付するという方法がとられることがあります。それと同時に、嘱託書に押された捨印を利用して嘱託書の記載の補正をすることになります。

② 登記事項証明書の変更があり、嘱託書と符合しない場合

この場合はケース・バイ・ケースで処理されます。たとえば、嘱託書受理前に所有権移転による登記名義人が変更した場合は、事態は重大であることから、単なる記載の訂正ではすまされません。この場合は、再度嘱託書を作成、提出することになります。しかし、たとえば、登記事項証明書記載の登記名義人の氏名や住居表示が後に変更された程度であれば、前述の場合と違って事態はそれほど重大ではありません。なぜならこの場合は、権利主体に変更があったわけではないからです。そこで、この場合は、上記①で述べた記載の補正で足りると考えられています。

債権者側に手続上のミスがあった場合

たとえば、債権者が嘱託書を登記所に持参する扱いにした場合に、本来の登記所ではなく、違う登記所に提出してしまったような場合である。この場合には、保全命令が債権者に送達されてから2週間以内であれば再度嘱託をすることができる。

補正

訴訟行為の不備・欠陥を訂正または補充すること。たとえば、民事訴訟において、訴状の名前や住所に誤字・脱字があったり、日付が空欄になっていたりする場合に、裁判所からの指摘により、訂正または記入するのが補正の例である。

PART6 8 債権仮差押の執行

民事保全の手続き

第三債務者に対する調査も大切である

■ 執行方法

　債権の仮差押の執行は、決定正本が第三債務者に送達されたときに効力が生じます。なお、債権の仮差押の執行を行うのは、仮差押命令を発令した裁判所になります。また、送達によって執行が完了するということの具体的意味ですが、当該仮差押債権が第三者に渡った場合でも、仮差押の効力がその第三者に優先するということです。

■ 第三債務者に対する陳述催告の申立て

　債権者にとって仮差押の対象となる目的債権は、債務者と第三債務者という他人間の権利関係の問題なので、基本的に債権者の関与することではありません。そこで民事保全法は、裁判所が第三債務者に当該債権の存在や内容を確認することを義務づけました。それが「第三債務者に対する陳述催告の申立て」です。

　裁判所書記官は、第三債務者に対して仮差押命令とともに、陳述催告書を送達しなければならないことになっています。

■ 第三債務者に供託される場合がある

　債権者が仮差押した目的債権に、他の債権者からも差押えなどがなされることがあります（これを競合といいます）。

　このような差押えの競合がなされると、全額を供託しなければならない場合があります。供託をした第三債務者は、執行裁判所などにその旨を届け出なければなりません。

債務者に対する送達時期
第三債務者に対する送達が完了した後になるのが通例である。

他人間の権利関係
債権者が当該債権の内容を正確に把握すること自体、実は非常に難しい。また、当該債権の内容云々を語る以前に、そもそも債権そのものが存在しない可能性もある。

陳述催告書
債権者が主張しているような目的債権が本当に存在するのか、存在するとしたらその内容はどうなっているのかなどについて、裁判所が第三債務者に確認を求める文書。

仮差押禁止債権
民事保全法では、給料、賃金などについては、債務者の生活保護の観点から、仮差押できる範囲が制限されている。また、生活保護のように、国などから支給されている金銭については一切の差押えが禁止されているものもある。

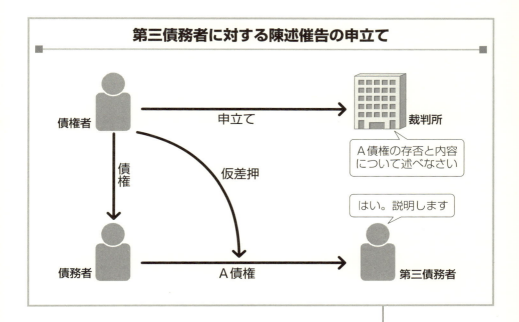

　ここで問題となるのは、目的債権に国や地方公共団体などが（以下、「国など」と記します）税金の滞納を理由に差押え（滞納処分）をしてきた場合との優劣関係です。
　まず、目的債権に滞納処分による差押えが先になされた場合は国などの差押えと債権者の仮差押が競合しても、その合計額が当該目的債権額に満たなければ両者の調整は問題になりません。問題なのは、両者の合計額が、当該目的債権を超えた場合です。この場合は、仮差押債権者より国が優先することになります。ただし、国などが目的債権の取立てを行使した結果、残余金が生じたときは、仮差押債権者のために、後日配当手続きが行われることになっています。
　仮差押が国などの差押えよりも先になされた場合も、両者の合計額が当該目的債権額を上回る場合に問題となります。そして、この場合も、国などの差押えの方が仮差押債権者よりも優先し、残余金が生じたときは、上記と同様の処理になります。

その他の執行手続き

執行方法にはさまざまなものがある

■ 動産仮差押の執行

　動産仮差押命令の執行は、申立書と仮差押決定正本などの添付書類を提出することによって申し立てることができます。申立先は、原則として目的物の所在地を管轄する地方裁判所所属の執行官です。なお、申立書に最低限記載しなければならない事項には、①当事者の表示など、②差し押さえるべき動産が所在する場所、③強制執行の目的とする財産の表示及び求める強制執行の方法、④債務名義の表示、などがあります。

■ 自動車の仮差押の執行

　自動車の仮差押の執行には、①登録嘱託の方法、②執行官に対して自動車を取り上げて保管してもらう方法（取上保管の方法）③前述の①と②を併用して行う方法、の3つがあります。以下、①から順に説明していきましょう。

① 登録嘱託の方法

　裁判所書記官が運輸支局長に対して登録の嘱託を行います。仮差押命令は、自動車登録ファイルに記入されます。

② 取上保管の方法

　これは債権者が「自動車の取上保管命令申立書」を提出して、執行官に債務者の自動車を取り上げて保管してもらう方法です。申立先は、原則として自動車の所在地を管轄する地方裁判所（執行裁判所）になります。

③ 上記①②を併用する方法

　上記①②の書類を併せて提出することも可能です。なお、執

債務名義

強制執行することによって実現される請求権（債権）が、確かに存在するということを公に証明する文書のこと。

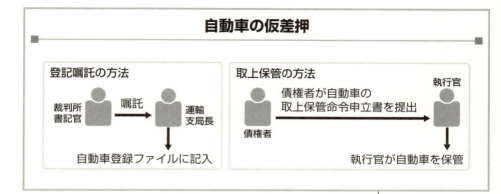

行官による取上保管によって、自動車の価額が下がるおそれや、保管費用が多額に上るおそれがあります。そのようなときには、債権者（または債務者）の申立てにより、裁判所は自動車を迅速に売却してしまうことができる場合があります。

■ 建設機械の仮差押の執行

すでに登記を受けている建設機械に対する仮差押の執行については、登録を受けている自動車とほぼ同じ扱いになります。ただし、建設機械の表示は建設機械登記簿への記入によります。

■ 動産引渡請求権の仮差押の執行

この場合の執行方法は、第三債務者に対して「債務者に物件を引き渡すな」という内容の命令を発して行われます。そこで、債務者が第三債務者に対して有する物件引渡請求権はどのような請求権であるか、その内容を書面の中で明確に特定しておきます。

なお、第三債務者の住所居所が不明で仮差押命令が到達しなかった場合、債権者は改めて再送達の手続きをとらなければなりません。具体的には、執行期間内に再送達の上申書を提出する必要があります。

> **第三債務者**
>
> 債務者の債務者のこと。債務者が有している債権の債務者で、債権者から見ると第三債務者と表現される。債権者が債務者に対してもつ債権を回収する際に、この第三債務者に対してもつ債権を差し押さえて、債権者がそれを直接取り立てることによって、債権の回収を図る債権執行などの手続方法がある。具体的には、AがBに対して債権をもち、BがCに債権をもっているときに、Aから見たCが第三債務者となる。

PART6 10 民事保全の手続き

不動産の処分禁止仮処分の執行

処分禁止の登記がなされる

■ 不動産の処分禁止仮処分の執行

不動産の処分禁止仮処分とは、債権者の立場で言うと、債務者に対して「あなたの土地または建物を売るな（所有権や占有を移転するな）」という命令を申し立てることをいいます。

不動産についての処分禁止仮処分の執行は、処分禁止の登記をする方法によります。具体的には、執行裁判所の裁判所書記官が「登記嘱託書兼登記原因証明書」を作成して、登記所に登記嘱託を行うことになります。

処分禁止の登記がなされると、それ以後、債務者が当該不動産を譲渡（処分）しても仮処分債権者に対抗することができなくなります。つまり、たとえその後に第三者が何らかの権利を取得して登記を設定しても、仮処分債権者はその第三者の登記を単独で抹消することができるのです。

■ 保全仮登記を更正する場合がある

不動産に関する所有権以外の権利の保存、設定、変更については、処分禁止の登記をするとともに保全仮登記をする方法により行います。保全仮登記を行うことにより、将来の本案訴訟で勝訴したときに、保全仮登記に基づく本登記を求めることができるようになるのです。

本登記をするには、保全仮登記に表示された権利内容と本案で勝訴した際に表示された権利の内容が一致していなければなりません。ところが、保全手続きは、通常、緊急に（拙速に）行われやすいことから、申立書面の表示を誤って記載してしま

本登記
正式な登記のこと。仮登記とは異なり、本登記には第三者に対する対抗力（物権変動の事実を第三者に主張できる効力）が認められる。終局登記ともいう。

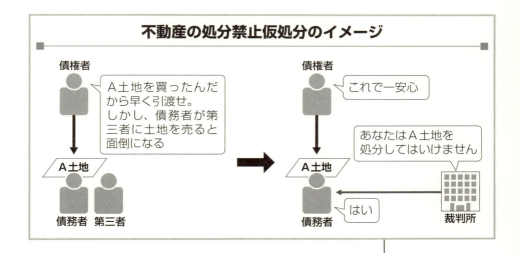

う場合があります。そうなると、将来せっかく本案で勝訴判決を得ても本登記を求めることができなくなってしまいます。そこで、この場合、両者の表示によほど大きなずれがない限り、債権者は、「更正決定申立書」を提出して、仮処分命令の権利の表示を更正することができるとされています。

■ 建物収去土地明渡請求権保全のための処分禁止仮処分

建物収去土地明渡請求権保全のための処分禁止の仮処分とは、債権者の立場で言うと、債権者が債務者に対して、「建物を壊して出て行けという権利を自分は確保（保全）しておきたいから、建物はもう誰かに売るな」という命令の申立てをいいます。処分禁止仮処分の執行は、処分禁止の登記をする方法により行います。

処分禁止仮処分の登記がなされると、以後、債務者が建物を第三者に売却（処分）しても、債権者にとってはたいした問題ではありません。なぜなら、債権者は民事執行法に基づいて、建物を譲渡された第三者に対して「建物を壊して出て行け」という内容の強制執行を申し立てることができるからです。

> **強制執行**
> 民事上、国家が債権者の請求権を強制的に実現する手続きのこと。たとえば判決が確定した場合、判決で支払いを命じられた金銭や、引渡しを命じられた物を、国の機関（執行機関）が強制的に被告から取り上げて、原告に引き渡すことができる。

その他の仮処分の執行

PART6 11 民事保全の手続き

それぞれの執行手続きの特徴を把握しておく

■ 占有移転禁止の仮処分の執行

占有移転禁止の仮処分には、①債務者に使用を許す場合（執行官も保管）、②執行官のみ保管の場合、③債権者の使用を許す場合（執行官も保管）の3種類がありますが、執行方法はそれぞれ異なります。

まず、①の場合は債務者に使用を許すことから、目的物を債務者から取り上げることはしません。「目的物に貼付した公示書を損壊すれば法律上の制裁があること」を債務者に告知することで足ります。ただし、②③の場合は、公示だけでなく、執行官が債務者から占有を取り上げることになります。債権者は、目的物の所在地を管轄する地方裁判所所属の執行官に対して、書面で執行の申立てをします。執行が開始されるのは、債権者が仮処分決定正本の送達を受けた後2週間とされています。

■ 債務者が仮処分決定に従わないときは

「勝手に建てた建物を収去せよ」と作為を命じているのに債務者が何もしない（不作為）場合でも、債権者が勝手に取り壊すことはできません。この場合、債権者は代替執行により権利を実現していくことになります。また、代替執行になじまないもの、たとえば、「絵画を描け」のような債務者本人でなければ義務を果たすことができない権利については、間接強制によって権利を実現していくことになります。

なお、代替執行が認められる場合でも間接強制の方法を選択することができます。

債務者を特定しない場合

債務者を特定しない不動産占有移転禁止仮処分の場合、現実に占有している者に立ち退いてもらう際に、占有者が何者であるかを特定することが必要。

公示書

仮処分命令に基づいて、執行官が、その不動産を保管中であることを示す文書。執行官は公示書を掲示する（民事保全規則44条1項）。

作為・不作為を命ずる仮処分の執行

作為を命ずる仮処分とは「～しろ」と命令する処分のこと。不作為を命ずる仮処分とは「～するな」と債務者に我慢することを命ずる処分のこと。仮処分の執行は、債務者に仮処分命令を送達する方法によって行われる。

間接執行の方法を選択する例

たとえば、「○月○日までに、建物を取り壊さなければ1日金5万円の割合による金員を支払え」というケース。

占有移転禁止の仮処分の執行方法

① 執行官も保管するが、債務者に使用を許す場合
→ ・公示書を損壊すると法律上の損壊があることを債務者に告知する

② 執行官のみが保管する場合
③ 執行官も保管するが、債権者に使用を許す場合
→ ・公示書を損壊すると法律上の損壊があることを債務者に告知する
・債務者から占有を取り上げる

■ 明渡し断行の仮処分の執行

　明渡し断行とは、債務者を排除して債権者に目的物の占有を取得させるという、いわば仮の地位を定める仮処分のことをいいます。明渡し断行は、仮処分決定正本の送達を受けてから2週間の執行期間に、執行官に申し立てる必要があります。
　申立後に行われる具体的な執行方法については、執行場所には執行官だけでなく債権者が出向いて行うことになります。

■ 債権取立譲渡禁止仮処分の執行

　債権の仮処分は第三債務者に仮処分命令が送達されたときに、債務者に弁済をしてはならないという効力が生じます。ところが、目的債権に譲渡禁止特約がついている場合は事情が変わってきます。この場合、特約を知らない善意の第三者に譲渡してしまった場合は、もはや仮処分を執行することはできません。

■ 金員仮払い仮処分の執行

　債権者が債務者に対して「金を支払え」という処分を求める申立てがこれにあたります。債務者が任意に支払いに応じない場合、債権者は仮処分決定正本に基づいて、強制執行手続きをとることができます。

明渡し断行の例
たとえば、ドアなどが施錠されて中に入れないときは、解錠業者に頼んで解錠させるなど。執行官らは、建物の居住者を立ち退かせて、物品を撤去した上で債権者に占有させるか、または執行官自らが占有に必要な措置をとっていくことになる。

定期給付の執行
金員仮払い仮処分の目的が定期給付の場合には注意が必要。定期給付とは、たとえば、債権者が○月○日から○月○日までの2年間、毎月10万円債権者に金銭を引き渡すことを約束させるなどの行為。各定期の期限到来から2週間以内に執行手続きをとらないと、その期の請求権を失う可能性がある。

金員
金銭のこと。金額。金高という意味もある。

担保の取戻し

担保の返還方法には2種類ある

■ 供託した担保を取り戻す

債権者が保全命令を申し立てるには、担保を提供する必要があります。担保の返還方法には、発令裁判所の担保取消決定を得る方法と担保取戻しの許可を受ける方法があります。

① 担保取消決定を得る方法

以下の場合に担保の取消しを求めることになります。

・担保の事由が消滅した場合

債権者が保全命令の申立ての際に担保を提供しなければならない理由は、違法な保全命令または保全執行の結果、損害をこうむった債務者にその損害をてん補するためです。

そうだとすれば、担保権利者（ここでは債務者を指します）の損害の発生が将来にわたってなくなったのではないかと考えられる場合には、債権者に取消しを認めてもよいでしょう。

・担保権利者（債務者）の同意がある場合

担保権利者が担保提供者の取消しに同意したということは、担保権を放棄したということです。そこで、この場合も担保の取消原因となります。

・権利行使の催告による場合

本案訴訟で債権者が敗訴判決を得た場合や、敗訴に近い和解が成立した場合（法文上は「訴訟の完結後」と呼んでいます）、債権者は裁判所に担保の取消しを申し立てることができます。その際に、裁判所は担保権利者に対して、催告書を送達します。催告書を受領した担保権利者が、所定の期間内に損害賠償請求権を行使するなどの措置をとらなかった場合には、担保の取消

担保取消しの申立てに必要な書類

担保取消の申立ては、担保提供者またはその承継人（相続人など）が、「担保取消申立書」を提出する。担保取消しは、書面審理で行われる。

担保の事由が消滅した場合

具体的には、被担保債権が消滅した場合、つまり、債権者の勝訴判決が確定した場合や、訴訟上の和解が成立した場合などを挙げることができる。

担保取消しのために必要な添付書類

担保の事由が消滅した場合
- 本案勝訴の判決の正本の写し
- 勝訴に近い和解調書の正本の写し　など

担保権者の同意がある場合
- 同意書
- 担保権者の印鑑証明書
- 担保取消決定正本受書
- 即時抗告権の放棄書

権利行使の催告による場合
- 本案敗訴判決正本の写し
- 和解の正本の写し
- 本案訴訟が提起されなかった場合は、その旨を記載した上申書

しに同意したものとみなされます。

② 担保取戻しの許可を受ける方法

　債権者が保全命令を申し立てたが、その後保全執行期間が経過したケースや保全命令の申立てが取り下げられたケースで、債務者に何も実害がない場合に認められているのが「簡易取戻し」の方法です。担保提供者またはその承継人は、発令裁判所に担保取戻許可申立書と添付書類を提出して、担保取戻しの許可を得て取り戻すことができます。

■ 担保を取り戻すには

　担保取消決定が確定した後、債権者は登記所または支払委託契約を結んだ銀行などに対して、以下の書類を提出します。
　供託原因消滅証明申請書を提出する場合には、別紙として供託書正本の写しと副本を添付します。

- 供託物払渡請求書（あるいは保証債務消滅届）
- 担保取消決定の正本
- 確定証明書（または供託原因消滅証明書または支払保証委託契約原因消滅証明書）

催告書の内容

「保全手続きで損害があった場合は、所定の期間（催告書を送達後14日以内）に損害賠償請求訴訟を起こしてほしい。14日以内に裁判を起こさなければ、担保提供者に担保を返す」といった内容の文面である。

収入印紙

正本には所定の収入印紙を貼る必要がある。

Column

解放金への権利行使

　債権者は、本案訴訟の確定後に、債務者が供託した仮差押解放金に債権執行していく場合があります。この場合、第三債務者は供託所つまり国になります。

　執行できる具体的時期ですが、債務者に対して差押命令が送達された日から1週間を経過したときは、第三債務者に直接取立権を行使することができます。つまり、債権者が第三債務者宅に直接出向いて、金銭を支払うように請求できるということです。その際に仮差押の被保全債権と差押えの執行債権とが同一であることを証する書面（たとえば、仮差押命令申立書、仮差押決定正本など）が必要です。ただし、当該債権に他の債権者の差押えがかかっている場合（競合している場合）には、第三債務者は供託義務を負うので、優先的に請求できるわけではないことに注意が必要です。この場合、執行裁判所によって供託金の配当などが実施されることになります。なお、債権仮差押の第三債務者が供託した場合は、債務者自身が仮差押解放金を供託したものとみなされます（みなし解放金といいます）。債務者がこのみなし解放金に対して供託金還付請求権を取得します。債権者がみなし解放金に対して権利を行使するには、債務者が持っている供託金還付請求権を差し押さえる必要があります。

　また、金銭債権について仮処分が行われることは通常ありませんが、仮処分によって確保しようとしている権利が、金銭の支払いによって目的を達成できる権利の場合、裁判所により仮処分の執行停止またはすでにした仮処分の執行の取消しが認められることがあります。その際、債務者は、一定額の金銭を供託しなければなりません。この供託金が仮処分解放金です。勝訴判決確定後、債権者は仮処分解放金（供託金）について供託金還付請求権を行使することができます。

PART 7

取引先の倒産と対策

PART7-1 取引先の倒産と対策

危ない債務者の兆候

観察していれば自然にボロが出る

■ 当然把握しておきたいこと

債権者は事が起こってから慌てるのではなく、常日頃から、取引先の業界の景気動向や、取引先が扱っている商品についての知識や取引状況、その業界における取引先の地位、従業員1人当たりの売上高などを把握しておくべきです。

取引先が経営危機に陥ったという知らせは、突然飛び込んでくるものかもしれませんが、経営危機そのものは突然に起こるものではありません。社長や取締役といった経営陣の日頃の態度に妙な点が現れてくることも多いようです。

たとえば、いつ訪ねて行っても不在がちで、なかなか会うことができない場合や、経営者についての悪い評判がたっている場合は要注意です。他社や金融機関から、新たに役員として人が入ってきた、という場合も同様です。さらに、以前よりも不良品が増えたり、事故が発生したり、在庫が急増したり、逆に極端に減少したりする場合も同様です。仕入先や取引金融機関が急に変わったり、代金の支払方法が現金払いから手形払いに、さらには手形のサイトが延びたりするのは、無視できないシグナルです。

とくに、所有権移転請求権の仮登記や賃借権設定の仮登記・抵当権設定の仮登記がなされているときは要注意です。これらの方法は、登録免許税が安くすみますし、街の金融業者が好んで使う登記です。ですから、こうした登記がある会社には、すでに高利貸しの手が伸びていて、立ち直る可能性はほとんどないということもあります。

経営困難な会社の兆候

経営陣ばかりではなく、従業員の間に不平・不満が多くなり、退職者が急増している、または、従業員の勤務態度がルーズになったり、社内での連絡が悪いなどの事項がたびたび見えはじめたときは、注意が必要である。

危険な債務者のシグナル

本文記載以外でも、本社ビルの売却があった場合には、その会社は資金繰りが苦しいことが推定される。また、取引先の所有する重要な不動産、たとえば事務所や店舗・工場・倉庫などについては、担保設定状況を定期的に把握しておくことが、危険を知る上で重要である。

信用状態が悪化した相手との取引

取引先の
信用状態の悪化
- 取引の打ち切り ⇒ 債権保全が困難な場合等
- 取引の継続 ⇒ 継続的取引関係がある場合等

【注意点】
① 債権額をこれ以上増やさないこと
② 取引条件の変更（取引規模の縮小・支払方法・期日の変更など）

■ 保証債務や債権譲渡も要確認

　不健全な企業間では、融通手形の交換をやっているように、資金繰りが苦しい企業の間では、お互いに相手方の債務を保証し合っていることがあります。保証債務という通常はバランスシートに乗らない債務が存在することを嗅ぎつけたときは、要注意です。企業自身が保証債務を負っている場合の他、経営者個人が、他の企業や他人の債務の保証をしている場合も、信用度は低いといえます。また、取引先企業が、自己の売掛金債権を担保にして金を借りたり、債権譲渡によって金融を得ているような場合は、いよいよ末期症状というべきです。

　このような噂を聞いたときは、すぐに、取引を停止して、たとえ出荷直前であっても、納入はストップしなければなりません。

■ 取引を継続するかどうかの判断

　まず、相手方の信用状態の悪化が一時的なものであるのか、慢性的なものなのかは、慎重に調査・検討しなければなりません。ここで検討することは「取引を継続すべきか、打ち切るべきか」ということです。継続するか打ち切るかの判断は、その取引先が営業上重要な相手かどうかということと、債権が焦げつくおそれとを比較検討して結論を出すことになります。

継続的取引と取引打ち切り

継続的な取引関係を結んでいる者同士では、相互依存・相互信頼の関係が成立しているのが通常である。このような場合、将来的にも取引が継続されるものとの期待を抱くことが多い。
そのため継続的取引関係を当事者の一方が、一方的にいきなり契約解消することは原則として認められず、まず滞っている分の催告を行い、それでもなおお支払いがないという場合に解除の通告をすることになる。

PART7-2 取引先の倒産と対策

取引先の倒産寸前にとるべき手段

担保権の実行、債権譲渡要求、仮差押手続きがある

■ 担保を実行する

「取引先が倒産寸前」という情報をキャッチした場合、事態は一刻を争います。対策が遅れれば、焦げついた債権を抱え込んでしまうことになります。あらかじめ、取引先の倒産に備えた対策マニュアルなどがあれば、マニュアルに従って手を打っていきましょう。債務者である取引先に対して、買掛金や借金などの債務があれば、その債務額を限度に、債権と相殺することも考えられます。債務者に対して抵当権などの担保権があるのなら、すぐに担保権を実行する手続きをとりましょう。

また、取引先が通常の経済活動をしていたのであれば、その取引先も、他の取引先に対して債権をもっているものです。もしその債権が、回収できる可能性の高いものである場合であれば、債権譲渡を受けることを考えてみるのもよいでしょう。債務者と交渉すれば債権譲渡をしてもらえるかもしれません。取引先が話し合いに応じそうもない場合には、債権の仮差押をしてみるのもよいかもしれません。ただし、いずれの手段も法的手続きですから、専門家、とくに弁護士とよく相談しながら事を運ぶのが賢明です。

■ 商品の引揚げとは

商品の引揚げは、相手先企業にある商品を自社の元に移す方法ですが、これには売買契約の解除による場合と、新たな売買契約を締結する場合とがあります。売買契約の解除による場合はすでに売買契約によって相手先の在庫にある自社商品を、契

仮差押の目的
仮差押をする債権が売掛金債権である場合には、その債権の相手先を探し出して、債権が他に譲渡されるのを防ぐ必要がある。

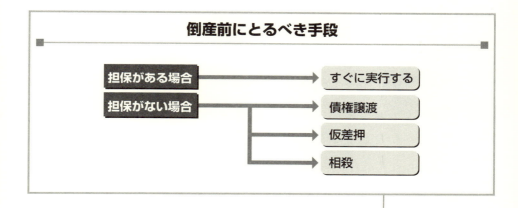

約の解除によって引き揚げる方法です。一方、新たな売買契約を締結する場合は、自社商品だけでなく他社商品も引揚げの対象になります。この対象商品について、相手先と買取契約を締結し、商品を引き揚げることになります。

■ 返品や買取契約はどのように行うのか

売買契約の解除を行って自社商品を引き揚げることを一般的には返品といいます。通常返品は、売れ残りや不良品、納期遅れや受発注時のミスなどによって商品を返すことをいいますが、債権回収の手段としての返品には次のような特徴があります。まず、売買契約の解除によって相手方企業に原状回復義務が生じます。この原状回復義務の履行として、商品を返還してもらうしくみを債権回収時の返品といいます。

一方、相手先企業との間で買取契約を新たに締結して回収にあてる場合には、次のような特徴があります。まず、相手先企業の在庫にある自社商品や他社商品を買い取る契約を相手先企業との間で結びます。この契約に基づいて、対象商品を自社に移します。この商品の買掛金を、すでに発生している債権と相殺します。なお、他社商品を対象とする場合には他社商品の引揚げを代物弁済として処理することもあります。

相手の協力を得やすい合意解除

自己売り商品を実際に引き揚げる際には、売買契約の解除という手続きを踏んだ上で行うことになる。この場合、商品を占有している相手方から実際に商品を引き渡してもらう必要がある。そこで、相手方と合意の上で解除を行うことが、相手の協力を得られる現実的な方法であるといえる。

PART7-3 倒産制度

取引先の倒産と対策

倒産と破産は同じではない

■ 倒産とはどういうことなのか

　経営が成り立たなくなることを一口に倒産といいます。実際にはどの段階で倒産なのかは、必ずしも定かではありません。たとえば、資産よりも負債の方が多くなっていたとしても、それが一時的なものであれば倒産とはいいませんし、逆に、負債を上回る資産があるにもかかわらず、支払いができない状況になれば倒産してしまいます。

　倒産したといわれる会社であっても、それが本当に消滅に向かうものであるか、種々の手立てを経て立ち直る方向に向かうものであるか、微妙なところがあるわけです。結局、倒産という言葉は、「個人や会社などの企業が経済的に破たんして、債務の支払いが困難になった状態」という程度にゆるやかに理解しておくのがよいでしょう。

■ 銀行取引停止処分は倒産の典型

　ただ、不渡り手形を出した場合は、どの時点から倒産したのかが比較的わかりやすいといえます。

　同じ債務者が、同じ手形交換所で6か月間に2回の不渡りを出すと、金融機関に公表されて、その債務者は銀行取引を停止され、手形による決済はできなくなります。倒産という事態は、ある日突然にやって来ます。もちろん、不渡りを出した企業の上層部では、「いつ頃が危険だ」ということはだいたいわかっているわけですが、その企業の従業員や取引先は、たいていの場合は寝耳に水の出来事です。

事実上の倒産

新聞報道などでも、「事実上の倒産」などという場合には、ある会社が不渡りを出して銀行取引を停止されたということもあり、民事再生手続きに入った場合でも、事実上の倒産などということがある。

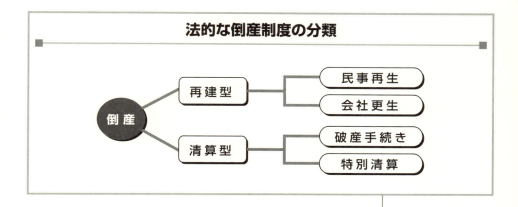

■ 倒産処理手続きのいろいろ

　倒産処理手続きには、大きく分けて、①裁判所が関与して行う「公的手続き」の場合、②裁判所が関与しない「私的手続き」の場合の2種類があります。

　公的手続には、倒産した会社の再建をめざして行われる再建型の手続きである「会社更生手続き」「民事再生手続き」などがあります。また、倒産した会社を清算してしまう清算型の手続きとして、「破産手続き」「特別清算」などの方法があります（上図参照）。

　一方、私的手続きは、一般には「任意整理」ともいわれます。債権者と債務者が交渉して倒産した会社の再建をめざす場合や、清算する方向で処理を行う場合があります。

　私的手続きには、①再建型、②清算型、の2種類があります。

　再建型とは、裁判所が介入する手続きのことです。管財人や監督委員の管理の下で債務を減額し、または返済期間を延長することによって企業の再建をめざします。

　一方、清算型とは、財産を管理する権限が債務者から管財人に移される手続きのことです。この場合は、倒産した会社が保有するすべての財産を整理した上で、債権者たちに公平に分配されます。

> **支払不能／債務超過**
>
> 破産手続きの中では、弁済期にある債務を一般的継続的に弁済できない状態のことを支払不能といい、債務者が自分の財産を売り払っても債務を弁済しきれない状態のことを債務超過という。債務者が支払不能や債務超過に陥っていることは、破産手続きが開始する原因になると位置付けられている。

任意整理

会社の再建をめざして利用されることが多い

■ 最初に検討したいのが任意整理

　会社の倒産を考えたときは、任意整理の方法で後始末ができないかを、最初に検討したいものです。任意整理は私的整理とも呼ばれ、すべての会社や個人を対象とした倒産処理方法です。私的整理という言葉通り、法の適用を受けないで当事者同士の話し合いで処理を進めていきます。会社を清算する場合に利用されることもありますが、会社の再建をめざして利用されることが一般的です。任意整理であれば法定の手続きに拘束されることはありませんし、裁判所への予納金を準備する必要もありません。また、清算するにしても再建するにしても債権者や利害関係者の状況に応じて柔軟な条件を採用することもでき、迅速に処理することも可能です。

　任意整理は、会社の再建目的（再建型）、会社の清算目的（清算型）のどちらの目的でも利用することができます。

　再建型の場合、再建計画を策定して、計画を実行していくことになります。一方、清算型の場合、財産を換金して配当を実施していくことになります。どちらの場合も、債権者の同意を得ることが重要になることには変わりはありません。

■ 債権者集会の開催

　任意整理の見込みがありそうなときには、ⓐ任意整理を行うことの確認、ⓑ債権者集会をいつ・どこで・どのように行うか、ⓒ債権者委員会の構成・任務・委員長候補・議題のたたき台について、有力債権者が任意整理をする会社と一定の合意を

任意整理が用いられる場合

清算型の任意整理というのは実務上それほど行われておらず、債務者と債権者の話し合いによって債務を整理し、会社を建て直すことを目的とする、再建型の任意整理が行われる場合が一般的である。

再建型の任意整理

再建型の任意整理として利用される基準や制度として、事業再生ADRや中小企業再生支援協議会による私的整理手続などがある。再建型の任意整理の場合、債権者などと交渉し、支払いの先延ばしや債権放棄によって再建をめざすことになる。

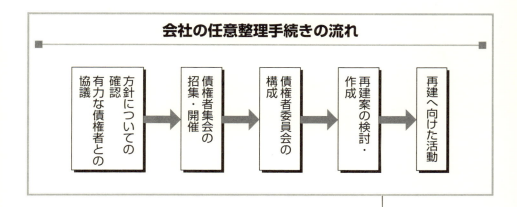

会社の任意整理手続きの流れ

方針についての確認 有力な債権者との協議 → 債権者集会の招集・開催 → 債権者委員会の構成 → 再建案の検討・作成 → 再建へ向けた活動

します。その後、債権者集会開催の通知が行われるため、債権者集会に出席します。

債権者集会では、会社側から、事実上の倒産に至っているという会社の実情とその経緯、各債権者へ陳謝、現時点での財務内容の説明、任意整理によって処理をしたい旨が告げられることが予想されます。その際、再建型の任意整理においては、できれば再建したいという希望が述べられる可能性もあります。状況によっては、経営者は退席して債権者だけで話し合うことになります。

会社の規模によっては、債権者委員会を結成してもらう場合もあります。債権者委員会を選任する場合、債権者委員会は会社の会計帳簿や書類その他の資料を提出させ、会社の財産・債務の調査などを行い、会社側とも協議をして整理の基本方針を作成します。そして債権者の同意を得て会社との間で整理に関する基本契約を締結することになります。

その基本方針には会社に対する債務免除や支払いの猶予に関する事柄が盛り込まれます。基本方針の内容に関する打ち合わせは会社と債権者委員会とで行いますが、通常は債権者委員会の方が主導権を握ることになります。

PART7 5 破産

取引先の倒産と対策

破産をすることで被害を最小限に抑える

■ 破産を債権者が申し立てることもある

 破産とは、債務者が経済的に破たんして、支払いができなくなってしまった場合に、その人の財産関係を清算して、すべての債権者に公平な返済(弁済)をすることを目的とする裁判上の手続きです。つまり個人や会社の財産関係を、ご破算にして、返せるものは返し、被害を一定範囲に食い止め、債務者に再起の機会を与える制度です。

 破産手続きは、地方裁判所に対する申立てからはじまります。申立人が貸主(債権者)である場合を債権者破産、借主(債務者)自身が破産の申立てをする場合を自己破産といいます。会社などの法人の代表者が会社を代表して申立てをする場合も自己破産です。

■ 破産原因にはどんなものがあるのか

 破産原因とは、債務者の財産状態が極度に悪化していることです。破産原因には支払不能と債務超過があります。債務超過は法人だけの破産原因です。支払不能とは、弁済能力がなくなったために、弁済期(支払の期限)が到来した債務を一般的・継続的に弁済することができないと認められる状態をいいます。

 端的に言って、借金が多すぎてどうしようもなくなってしまった状態をいいます。ここで、債務者に返済(弁済)能力がなくなった、というのは、債務者の信用や労力・技能によってもお金を調達することができないことをいいます。債務超過と

債権者破産の実効性

取引の相手方が破産した場合、破産者の財産は全債権者に平等に配当されるため、通常、配当はかなり少額になってしまう。このため、破産手続開始の申立ては、債務者だけでなく債権者も行うことができるが、債権の回収上、債務者を破産させる利点は小さい。

破産を利用した交渉

債務者が何とか資金繰りができるにもかかわらず、債権者からの取引打ち切りなどの行為に対し強い不満を覚えて支払を控えている場合や、債務者が事業継続の強い意思があり、破産だけは絶対にしないと考えているような場合には、破産手続開始の申立てをちらつかせながら、上手に交渉し、支払について裁判外で和解をめざす場合もある。

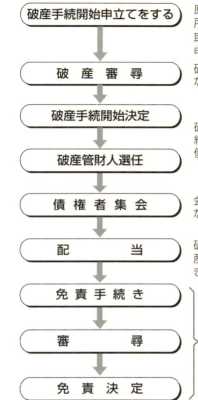

は、帳簿上の債務の評価額の総計が、資産の評価額の総計を上回ってしまっていることをいいます。ただ、債務超過を文字通りに理解すると、借金経営・赤字経営が多い企業経営の実態からみて、ほとんどの法人が債務超過ということになってしまいます。そこで、たとえその法人が事業を継続したとしても負債を完済できないような場合に、債務超過であると判断されているようです。

支払不能に関して

債務者に財産がなくても、技術や労力・信用などの目に見えない資産によって弁済を続けることができる場合は、まだ支払不能とはいえない。反対に、債務者に財産があっても、すぐに金銭に換えること（換価）が困難な場合には、弁済能力を欠いていると判断される。

なお、債務者が借金から解放されるには図（前ページ）の手続きが必要です。破産手続きを行うには予納金を納める事が必要です。予納金が無事に納められれば、破産手続開始決定と同時に破産管財人が選任され、さらに債権届出期間、債権者集会期日（財産状況報告集会）、債権調査期日（期間）が決められます。これ以降は、破産管財人が財産の換価、契約の終了などすべての破産管財業務を行うことになります。

破産管財人は、配当をするのに適当な金銭があると認めたときは裁判所の許可を得て中間配当をします。配当する財産もなくなり、最後の配当を行うと、配当が終了したことを破産債権者に報告するために原則として債権者集会を開きます。そして、これをもって破産手続きは終結し、法人は消滅することになります。平均すると、破産手続開始決定を受けてから終結決定が行われるまでの期間は、6か月程度となっています。破産手続終結決定を裁判所が行い、その旨が公告され破産手続きは終了します。

なお、終結決定後に配当すべき金銭が生じたときは、「追加配当」を行わなければなりません。いずれにしても、破産手続きが終結し、法人が消滅すれば、配当されなかった債権も消滅します。

■ 債権の届出と債権調査

破産手続きは債権者への配当（弁済）を目的とする手続きですから、破産者に対して債権者がどれだけの債権があるのかを確定しなければなりません。その手続きが債権の届出と債権調査です。債権者は裁判所が指定した債権届出期間内に自分の債権を届け出なければなりません。届け出られた債権については裁判所書記官が破産債権者表を作成し、債権表のコピー（謄本）を管財人に渡します。

債権を調査する期日（債権調査期日）には、届出のあった債

裁判所の許可が必要な場合

不動産の売却など重要な事項については、裁判所の許可が必要になる。経営者（破産者）は破産管財業務への協力、管財人への説明を行い、債権調査が終了した後、すべての財産を換価して租税債権など財団債権を支払ってもなお、会社財産が残っていれば、その財産はすべて破産債権者へ配当されることになる。

債権者への金銭配当

最後配当	最終的に行われる配当。債権者に対してなされる基本的な配当の形態である
中間配当	破産手続きの途中で行われる配当。配当可能な金銭を用意できた段階で随時行われる
追加配当	最後配当の額を債権者に通知した後に、新たに財産が見つかった場合に行われる配当
簡易配当	配当できる金額が少ない場合などに行われる、簡易な手続きによる配当
同意配当	債権者が同意することで、簡単な手続きによって行われる配当

権について、債権者の氏名・住所、債権の額と原因、優先権や別除権など注意しなければならないことはないか、などを調査します。管財人は届け出られた債権の中身が真実かどうかを調査期日までにチェックしておきます。債権調査により管財人の否認や他の債権者からの異議がなく破産債権者表が確定すれば、破産債権者表の記載は破産債権者全員に対して訴訟における確定判決と同じ効力を持ちます。

■ 債権者集会とは

破産手続開始決定がなされると、債権者はもはや自分の債権を行使して弁済を受けることができなくなります。債権者は破産手続きによって破産財団から債権額に応じた按分比例による分配を受けられるだけになります。ですから、破産手続開始決定後は債権者が全額回収することは不可能です。債権者からすれば最終的に少しでも多くの配当を受けられるように破産財団の管理が適切になされ、また、換価がより高額であることを期待するものです。こうした債権者の意見や意思を破産手続きに反映させる場が債権者集会です。

管財人の否認
債権者に損害を与えたり、一部の債権者だけに返済するような行為を破産管財人が否定すること。

債権者集会
債権者集会は、破産管財人や債権者委員会、判明している破産債権者の総債権について裁判所が評価した額の10分の1以上にあたる破産債権をもつ債権者などの申立てにより、裁判所が招集する。債権者集会では、破産者から報告を受ける権限や破産管財人の解任請求の決議もできる。債権者集会の決議は届出債権者だけが議決権を持ち、一般に議決権を行使することができる破産債権者で出席した者の議決権の総額の2分の1を超える者の賛成があれば決議が成立する。

別除権・取戻権

担保権の実行は破産手続きとは別に行われる

■ どのような権利なのか

　担保権は、債務者が倒産したような場合でも確実に債権の回収を図ることを目的に設定されています。そのため、破産者に対して担保権を有する者は、破産手続きとは関係なく自由に担保権を実行することで債権の回収が可能です。このような担保権者の権利を別除権といいます。担保権のうち、特別の先取特権、質権、抵当権などが別除権となります。たとえば、抵当権を有している場合、破産手続開始決定後であっても、抵当権者はいつでも破産者の所有している不動産を競売にかけることができ、競売代金から優先して債権の弁済を受けることができます。破産者に対して債権を有している者は原則として破産手続きの配当によって弁済を受けますが、別除権である抵当権を有していれば破産手続きとは関係なく弁済を受けることができます。また、担保権の実行手続きが開始されている場合に、破産手続きが開始されたとしても、担保権の実行手続きは中止しません。

　別除権により担保権を実行したとしても、担保の目的となっていた財産の価額が少なければ、債権全額の回収は不可能です。その場合でも、不足額については、別除権を有していた者であっても破産手続きの中で配当を受けることができます。

　なお、別除権を行使せずに破産手続きの中で配当を受けることはできない点に注意する必要があります。担保となっている財産から債権を回収する方法には、任意売却と競売があります。

　また、担保となっている財産を任意に売却して担保権を消滅させることが破産債権者の利益にかない、担保権を有する者の

別除権

破産管財人が管理している破産者の財産（破産財団）とは「別」に「除」いて権利を行使できるので、別除権という名前がつけられている。

特別の先取特権

先取特権のうち、特定の動産や不動産について認められる、他の債権者より優先して弁済を受けられる権利のこと。

強制執行と破産手続き

通常の債権者が強制執行手続きを行っている場合に債務者が破産すると強制執行手続きは中止する。

具体的な任意売却の方法

まず破産管財人が担保目的物の買い手を探してきて売買契約を締結する。次に、買主の支払う代金の一部を別除権者が有する債権の弁済に充てて、担保権を抹消する。その後、担保権のなくなった状態の財産を買主に渡して、買主が支払った売買代金の残りを破産者に対する債権者への配当に回す。

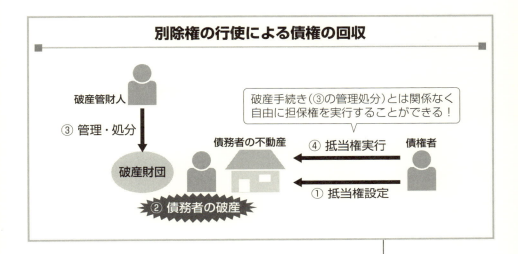

利益を不当に害しない場合には、破産管財人は裁判所に対して担保権消滅の許可の申立てができます。担保権消滅請求に対して、①自ら担保権を実行するか、②担保となっている財産を買い取るかという、2つの対抗手段が担保権者には用意されています。担保権者が、担保権の実行や担保の目的となっている財産を買い取るといった手段を講じない場合には、裁判所は担保権消滅請求に対して許可決定を出します。

■ 取戻権はどのような権利なのか

破産手続開始の時点で破産者のもとにある財産は、一見破産者が所有している財産のように見えるものの中には本当は他人の所有物である財産も紛れ込んでいる可能性があります。このような場合、財産に対して権利を有する者は破産者の財産の中からその財産を取り戻すことができます。この破産者のものではない財産を取り戻す権利のことを取戻権といいます。

取戻権を行使できる者としては所有権者が典型例になりますが、賃貸借契約が終了した場合の返還請求権なども取戻権に該当します。

担保消滅請求が行われる理由

任意売却は、別除権者である担保権者の了承がなければ行うことができない。しかし、破産管財人が、多額の代金を支払ってくれる買主を見つけてきたとしても、担保権者が了承しないことで任意売却ができないというのでは不合理である。そのため、破産管財人は裁判所に対して担保権消滅の許可の申立てができる。

相殺権

通常とは違うルールで相殺を行う

■ どのような権利なのか

　相殺とは、自分が相手に対して持っている債権（自働債権）と、相手が自分に対して持っている債権（受働債権）を対当額で消滅させることです。相殺をすることで債権回収をしたのと同じ効果を得られるため、相殺は担保としての性格も有しているといえます。通常、相殺を行うためには、自分の持っている債権と相手の持っている債権が同種のもので、両方の債権が弁済期にあることが必要とされています。しかし、破産手続きの中では、相殺を行うための条件が通常の場合とは異なっています。

　通常、お互いの債権が同じ金銭債権で、両方の債権の弁済期が来ている場合に相殺が行われます。一方の債権が物の引渡しを求める債権であったり、弁済期が来ていない場合には、相殺はできません。しかし、破産手続きの中では、破産者に対する債権が金銭債権ではない債権も金銭債権と同じように扱われます。また、弁済期の到来していない債権であっても、弁済期が来ているものとして扱われます。そのため、破産手続きの中では、破産者に対する債権の弁済期が到来していない場合や、債権の一方が金銭債権でない場合でも相殺が可能です。

　たとえば、破産者に対して貸金債権を有しており、その貸金債権の返還期日はまだ来ていないという場合でも、貸金債権を自働債権（相殺をする際に相殺する側がもっている債権のこと）として相殺することが可能です。また、破産者に対して物の引渡しを請求するという債権を有している場合でも、その債権を自働債権とした相殺ができます。

相殺のメリット

相殺をすると、自働債権についても受働債権についても、弁済するためにいちいち現金の支払いをせずにすむ。そのため、相殺は簡便な決済方法であるといえる。また、相殺をすることで債権回収をしたのと同じ効果を得られるので、相殺は担保としての性格も有している。通常は、相殺を行うためには、自分の持っている債権と相手の持っている債権が同種のもので、両方の債権が弁済期にあることが必要とされている。

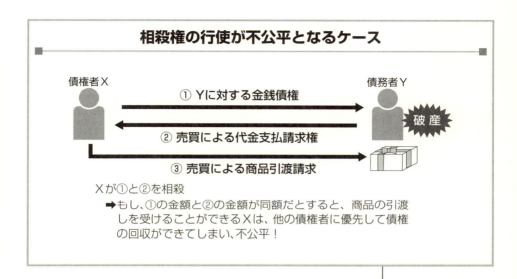

■ 相殺権行使の方法

相殺は、他の債権者に優先して債権回収を達成する手段であるため、相殺を認めるのが不公平と思われる場合には、相殺権の行使が制限されます。相殺が行われるケースには、①破産者に対して債権をもっていた債権者が破産者に対して債務を負担した場合に行う相殺と、②破産者に対して債務を負担していた債務者が破産者に対して債権をもった場合に行う相殺がありますが、以下の場合に相殺権の行使が制限されます。

・破産手続開始の申立後、破産手続開始決定前

破産手続開始申立てがされていることを、破産者への債権取得・債務負担の際に知っていれば、相殺はできません。

・破産手続開始決定後

破産手続開始決定後に破産者に対して債権取得・債務負担をしても、相殺は認められません。

・支払停止・支払不能

破産者への債権取得・債務負担の際に、破産者の支払停止・支払不能を知っていた場合には、相殺は認められません。

> **相殺権は一方的に行使できる**
> 相殺は一方的に行うことができるので、破産者に対して債権をもつ者は破産管財人に意思表示をすることで、相殺権を行使できることになる。

否認権

PART7-8 取引先の倒産と対策

破産者の行為を否定できる

■ どんな権利なのか

　破産手続きを行う前の段階で、破産者が自らの財産を減少させるような行為をしたり（詐害行為）、破産者が一部の債権者に対してのみ弁済を行ったりすると（偏頗行為）、債権者に対する公平な財産の分配ができなくなります。そのため破産手続開始決定がなされる前に破産者が詐害行為や偏頗行為を行っていた場合には、破産管財人はこれらの行為の効力を否定して、流出した財産を破産者の財産の中に戻させることができます。このような破産管財人の権利のことを否認権といいます。

　次に、どんなケースが問題なのか見ていきましょう。

① 詐害行為

　詐害行為とは、破産者の財産が減少し、すべての債権者が不利益を受けるような行為のことをいいます。たとえば、A、B、Cの債権者がいて、3人の債権者はそれぞれ1000万円の債権を破産者に対して有していたとします。このとき、破産者が総額900万円の財産を有していれば、債権者A、B、Cはそれぞれ300万円ずつの配当を受けることができるはずです。しかし、破産者が900万円の価値のある財産を600万円で売却してしまうと、債権者A、B、Cへの分配額は200万円に減少してしまいます。このような場合に、破産者の行為を否認する必要性が出てきます。

② 偏頗行為

　偏頗行為とは、破産者が負担している特定の債務のみを弁済したり、特定の者に対してだけ担保を提供する行為のことをい

否認権が設けられた理由

破産手続きでは、債務者の財産を現金化して、破産者に対する債権者に対して公平な配当が行われる。しかし、会社の資金繰りが苦しくなると、会社の経営者は現金を作るために会社の財産を安い値段で売却してしまったり、取立ての厳しい債権者にだけ弁済を行おうとする。そのため、破産管財人はこれらの行為の効力を否定し、流出した財産を破産者の財産の中に戻させる否認権を行使することができる。

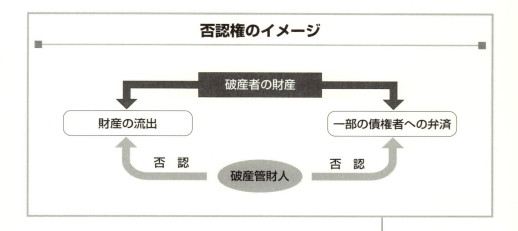

いまです。たとえば、A、B、Cの債権者がそれぞれ1000万円の債権をもっており、破産者が900万円の財産を有していれば、債権者A、B、Cはそれぞれ300万円ずつの配当を受けることができるはずです。しかし、破産者がAに対してのみ900万円を弁済してしまうと、BとCは全く弁済を受けることができません。このような破産者の行為が偏頗行為です。

■ 行使の仕方について

否認権は、訴えや否認の請求または抗弁によって、破産管財人が行使する必要があります。ただし、実務上は、訴え提起などを行わなくても、否認権行使の相手方と交渉を行い、任意に財産を返還してもらうような処理が行われています。また、否認の対象となった財産のすべてを返還してもらうのではなく、財産の一部を返還してもらうことで話し合いをまとめてしまうという処理も行われています。

否認権を行使すると、否認の対象となった行為は最初からなかったことになり、財産は破産者のもとに戻ります。否認権は、破産手続開始の日から2年を経過すると、行使することができなくなります。

> **抗弁**
> 原告の主張を単に否定するのではなく、別個の事実を主張して争う被告側の主張のこと。

> **詐害行為の類型**
> まとめると、詐害行為の類型は以下のようになる。
> ① 破産者が破産債権者を害することを知って行った行為。
> ② 破産者が支払の停止や破産手続開始の申立てがあった後にした破産債権者を害する行為
> ③ 破産者の行った無償行為（無償行為と同視すべき有償行為も含む）

民事再生手続き

個別に仮差押や強制執行をかけることはできない

■ どんな制度なのか

　民事再生とは、債務者が再生計画の認可を受けることによって、今ある借金を大幅に圧縮する法的な債務整理方法です。民事再生手続きを申し立てる場合、短期間で再生計画案（債務者を再建するための具体的内容が定められたもの）をまとめる必要が生じます。この民事再生手続きは、もともとは中小企業が対象として想定されていましたが、現在では大規模な企業の再建にも利用されています。

　手続きの申立てを行うことができるのは、債務者と債権者です。なお、会社が申立てを行う場合には、取締役会において、取締役の賛成多数の議決があれば足ります。債権者としては債務者の再生計画に賛成するかどうかがポイントになります。

■ 保全処分による財産流出の防止

　申立権者から民事再生手続きの申立てが行われ、裁判所がその申立てを認めることを「開始決定」といいます。この申立てから開始決定までは平均して約1か月かかります。

　この間、申立てを行った会社の取引先が、会社の財産状況に不安をいだいて、他の取引先を出し抜いて、自分にだけ代金の支払いを求めることなどないように（これを認めると他の取引先との関係で不公平となります）「保全処分」という手続きを裁判所に申し立てることができます。中でも強力な保全処分が中止命令・取消命令です。これは、一般債権者が個別的に行った、仮差押や強制執行（競売等）について、中止や取り消す命

破産手続きとの違い

会社が破産手続きを行い、破産管財人が選任されると、取締役は地位を失うことになる。これに対して、民事再生手続きの場合は、原則として、手続開始後も債務者である会社の経営陣が業務遂行と財産管理を行う。このような手続きを、DIP型手続きという。DIP型手続きでは従来の経営陣が、引き続き経営を行うことができるため、会社が苦境に陥っても、経営陣が民事再生手続きを申し立てやすいしくみになっている。

担保権消滅請求制度

抵当権が設定されている土地や建物が、本社ビルであり、本社ビルがなければ再生が不可能という事態も考えられる。そこで、民事再生法では、一定の場合に債務者が担保権の消滅の申立てをできることを認めている。この制度を担保権消滅請求制度という。

民事再生手続きのポイント

- 利用者はすべての法人と個人である
- 申し立てる事ができるのは債務者と債権者である
- 財産などの管理処分権は債務者にある。経営者は交代しない
- 破産原因（支払不能）がなくてもよい
- 管理機関として監督委員が選任される

令を裁判所が下すことです。

さらに強力な保全処分として、包括的に、一般債権者の権利行使を、一切禁止する包括的禁止命令があります。この命令が下されると、すべての一般債権者は、再生債務者の財産に対して、仮差押や強制執行を中止または禁止されます。

■ 開始決定を出してもらえる場合

民事再生手続きの流れは図（227ページ）のとおりです。申立書の作成・提出は申立人代理人である弁護士が行います。ただし、民事再生手続きの開始決定を出してもらうには、申立てが適法で、申立ての棄却事由が存在しないことが必要です。債権者は民事再生手続きにおいて、以下の債権者説明会や債権者集会で手続きに関与することになります。

■ 債権者説明会で事情を説明する

債権者説明会とは、後で説明する債権者集会とは異なり、債権者に、業務や財産の状況または再生手続きの進行について、説明するものです。民事再生手続きが開始されれば、債権者の権利行使にも影響を与える（多くの場合、債権の額が減る）ので、債務者は、それに対するお詫びをするわけです。はじめに、説明会の案内通知を債権者に発送する必要がありますが、その

民事再生手続き申立て棄却事由

棄却事由には、①再生手続きの費用の予納がないとき、②裁判所に破産手続きまたは特別清算手続きが係属し、その手続きによることが債権者の一般の利益に適合するとき、③再生計画案の作成もしくは可決の見込みまたは再生計画の認可の見込みがないことが明らかであるとき、④不当な目的で再生手続開始の申立てがされたとき、その他申立てが誠実にされたものでないとき、という4つの事由がある。

タイミングは、民事再生手続開始の申立てが受理された直後になります。開催までは、債権者が案内通知をもらってから1週間程度かかります。

■ 債権者集会はどのように行われるのか

通常の再生手続きにおいては、一般には債権者集会で、再生計画案の決議を得ることになります。再生計画を可決するには、次の2つの要件を満たす必要があります。
① 議決権者の過半数の同意
② 議決権者の議決権総額の2分の1以上を有する者の同意

なお、債務者はあらかじめ債権者から委任状を求めるケースがあります。委任状をもらっておけばこれらの要件を満たしやすくなるからです。とくに②の要件を満たすために、大口の再生債権者には個別に委任状の勧誘を行うことが多いようです。

■ 再生債権の届出・調査・確定

民事再生手続きが開始されると、申立書の一部として作成した債権者一覧表に記載された債権者に、手続きが開始されたことが裁判所から通知されます。これに対して、債権者は自分の保有する債権を申告します。この手続きを債権届出といいます。

債権者からの債権届出を受けると、債務者より認否書が作成され裁判所に提出されます。認否書とは債務者が自分で認識している債務について、その内容と議決権についての認否を記載するものです（債権の存在を自ら認めるわけです）。その後、認否書などに基づき債権調査が行われます。債権調査の結果は裁判所書記官が再生債権者表に記載します。再生債権者表に記載された債権者は、債権者集会等で議決権が与えられ、確定された債権額に基づいて、議決権総額は算定されます。つまり債権者は、債権届出をして、再生債権者表に記載されない限り、民事再生法の手続的保障を受けることができないのです。届出を

債権者説明会

債権者説明会には、会社の代表取締役および申立代理人は出席する必要がある。監督委員も出席することが多い。そして代表取締役は挨拶という形で、債権者にお詫びをして、申立代理人は申立てに至った経緯を説明する。なお、監督委員は中立の立場から意見をいうことができる。

再生計画案の決議の例外

裁判所は、再生計画案の提出がなされた場合に、裁量により、再生計画案を書面により決議する旨の方法をとることができる。たとえば、小口の債権者が非常に多く、債権者集会での決議を得ることが困難な場合などに行われる。
また、すべての届出債権者が書面により再生計画案に同意しており、かつ、再生債権の調査および確定手続きを経ないことに同意している特別の場合には、債権者集会の決議は不要である（同意再生）。

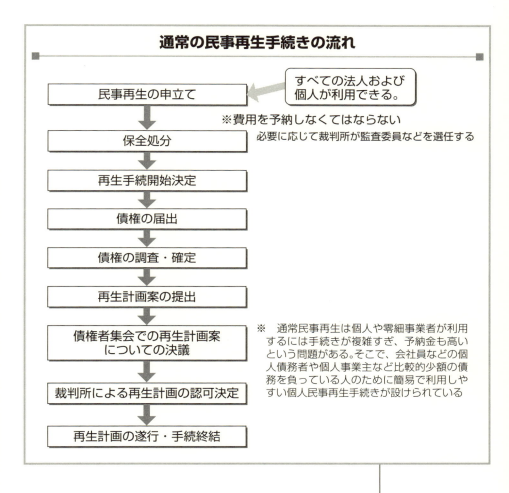

怠った場合、原則として債務の弁済を受けることができません。

■ 共益債権は保護される

　民事手続開始決定を受けても、会社は再生に向けて取引活動を継続することが多いので、手続開始後も、取引先などが、再生債務者である会社に対して、債権を取得することがあります。このような債権を共益債権といいます。共益債権は、再生債権と異なり、民事再生手続外で臨時の弁済を受けることができます。

再生債権
共益債権や優先債権ではない一般債権。

Column

解散・清算と債権回収

　株式会社の法人格を消滅させるきっかけとなるのが会社の解散です。株式会社の解散事由として、ⓐ定款で定めた存続期間の満了、ⓑ定款で定めた解散事由（解散の原因）の発生、ⓒ株主総会で解散を決議した場合、ⓓ合併、ⓔ破産手続開始の決定、ⓕ解散を命じる裁判があった場合、ⓖ休眠会社のみなし解散、が規定されています。

　解散は、あくまで「きっかけ」なので、解散すれば直ちに会社が消滅するわけではありません。会社を消滅させるには、解散後に清算という手続きを経る必要があります。清算は、債権債務の後始末や、残余財産の株主への分配などを行う手続きです。

　ただし、解散しても清算手続きが行われない場合もあります。会社が破産した場合と合併した場合です。破産の場合は、破産手続きによって原則消滅します。一方、合併の場合は、消滅予定の会社は、合併と同時に解散し、清算手続きを経ずに消滅します。

　解散した会社について、債権債務の後始末をして、残った財産を株主に分配する手続きを清算といいます。清算に関する業務は清算人が担当します。一般的には会社から委任を受けた弁護士などが処理を行っていきます。清算中の会社は、清算の目的の範囲内でのみ存続を許されているため、営業活動を行うことができません。清算人の職務は、ⓗ現務の結了、ⓘ債権の取立ておよび債務の弁済、ⓙ残余財産の分配です。つまり、会社について完了していない業務の後始末をした上、掛金や貸付金の取立てや担保権の実行によって債権を回収し、財産が残っていれば、その財産を株主に分配します。債務者である会社が自主的に解散・清算するケースもありますので、債権者としては、清算事務の動向に注意する必要があるでしょう。

PART 8

債権回収をめぐる日常の経理事務

編集部編

売掛金や手形・小切手の管理①

PART8 1
債権回収をめぐる日常の経理事務

売上債権が現金化されるまでしっかりフォローする

■ 補助簿を作成して管理する

商取引の流れを大まかに述べると「注文→商品の受渡し→商品代金の回収」です。商品と引き換えにその場で現金を支払うケースは少なく、一般的には先に商品を引き渡してから後日商品代金を回収する方法をとります。

このように、後から支払いを受ける形態の取引を「信用取引」といいます。

信用取引の場合、商品を引き渡してから代金を回収するまでの間に一定の期間があります。一定期間内のまだ回収していない代金のことを、会計上では「売掛金」といい、反対に商品を仕入れた場合の未払いの商品代金を「買掛金」といいます。

信用取引は、商品等を引き渡して終わりというわけではありません。得意先から売掛金を回収した時点で、販売行為が終了することになります。しかし、相手方が必ず入金するとは限りません。売掛金を残したまま相手先が倒産し、会社が損害を被ってしまうなどのリスクも存在します。

会社経営において、いかに売上を伸ばすかとともに、このようなリスクをいかに減らして確実に代金を回収するかについて対策を立てることも重要な仕事です。そのためには、「売上帳」「売掛金元帳」という補助簿を作成し、「いつ」「どこに」「いくら売り上げて」「いつ入金されたのか」について、情報の記録・整理をする必要があります。

これらの補助簿を管理することで、得意先の売上傾向や入金の状況などを分析することができます。

信用取引の一例

得意先と取引を始める際に「商品引渡しの翌月末振込」などの支払条件を取り決め、支払期限を記載した請求書を得意先に送り、支払いを受ける場合などがある。

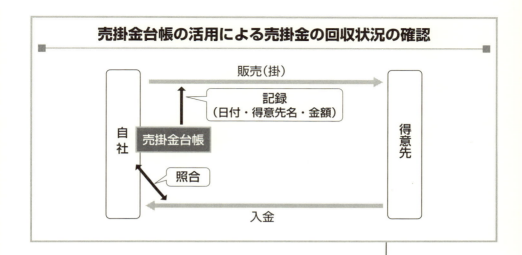

■ 確認作業をどのように行うのか

　売掛金の回収状況は、「売掛金台帳」を活用し、次のような方法で確認します。

　売掛金台帳には、日付・販売した得意先名・金額が記載されています。得意先から入金があった場合は売掛金台帳との照合を行い、どの売掛金に相当するかを判断します。1回の取引ごとに入金される場合もあれば、複数の売掛金がまとめて入金される場合もあり、時には入金した額と台帳の売掛金の額をパズルのように組み合わせて判断しなければならない場合もあります。取引規模が大きい会社であればこの作業は非常に煩雑になるため、一取引ごとに注文番号・請求番号など記号や番号を付けて、入金済の記号や番号を消し込んでいくという管理方法が一般的です。なお、どうしても入金額と売掛金との内訳とが一致しないときは、相手先に入金の内訳を聞くことも一つの方法です。

　入金済の売掛金は帳簿や貸借対照表上の資産残高から控除され、代わりに入金分の現預金や手形が増加します。その上で売掛金残高として残ったものが、未入金の売掛金です。

次に、残った売掛金の中に請求時の入金予定期日より遅れているものがないかをチェックします。入金が遅れているものについては、たとえば、「担当する営業部門を通して理由を確認する」「相手先に督促する」など、社内で対処方法を取り決めた上でそれに従って対応します。なお、これらの作業は、定期的に行うことが必要です。

■ 手形の割引について

　売掛金の代金として手形を受け取った場合、期日が到来するまでは資金化されません。期日前に資金が必要な場合、受取手形を銀行に持ち込むとお金を受け取ることができます。これを手形の割引といいます。

　手形を割り引いた場合、銀行に持ち込んだ日から手形の期日までの期間に相当する金利が手形の額面から割り引かれた上で入金されます。つまり、手形を担保に銀行から融資を受けることと同じです。

　手形の割引が銀行融資であれば、返済義務が生じます。割り引いた手形の期日が到来し、無事決済されれば返済は完了です。しかし、手形の振出人が倒産したため決済が行われなくなった場合などは、自社が手形の額面分の金額を負担し、銀行に返済しなければなりません。

　このように、不測の出来事があった場合に当社の債務となる可能性があるもののことを「偶発債務」といいます。偶発債務は会社の財政状態を知りたい利害関係者や株主等に対して大切な情報となるので、貸借対照表上の脚注に「受取手形割引高」として割り引いた手形の金額を記載します。

■ 不渡りについて

　得意先から小切手や手形で受け取った場合は、小切手の振出日もしくは手形の期日が到来した時に銀行に持ち込み、資金化

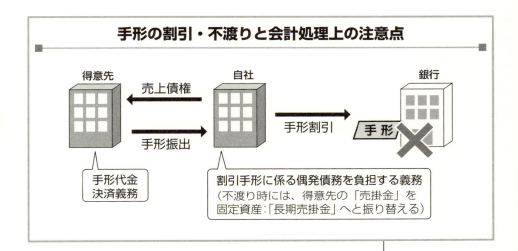

します。逆に、手形や小切手を振り出した側は、当座預金に決済のための資金を準備しなければなりません。

振出人の預金残高が不足し、手形や小切手が資金化できないことを不渡りといいます。すでに割り引いた手形が不渡りになった場合は、前述したように額面金額を銀行に返済しなければなりません。また、不渡りを一定期間に2回起こすと銀行取引停止処分になるため、その会社は事実上の倒産状態に陥ります。このような状態の会社からお金を回収することは非常に困難であるため、得意先の手形が不渡りになったという情報を得た場合には、早急に対策を検討する必要があります。

このように、売掛金の代金として小切手や手形を受け取り、領収証を発行した後も、期日が到来するまでの間はさまざまなリスクが存在します。

なお、得意先から、その得意先が保有している受取手形をそのまま裏書きすることで支払いが行われる場合があります。ここで受け取った手形を「裏書手形」といいます。裏書手形の振出人が不渡りになった場合は、裏書譲渡人に手形の支払いを請求することができます。

不渡りが生じた場合の会計上の処理

手形が不渡りになった得意先の売掛金は、通常の売掛金とは分離して「長期売掛金」という固定資産へ振り替えることになる。

銀行取引停止処分

銀行取引停止処分を受けると、借入や手形割引がある会社の場合は普通・当座預金からの引き出しが不可能になる。

PART8-2 債権回収をめぐる日常の経理事務

売掛金や手形・小切手の管理②

万全なチェック体制を整えて信用管理を行う

■ 信用管理を徹底させる

回収遅延などに対処するため、補助簿を作成して管理することの重要性については前述しました。しかし、それだけではまだ十分な対策を取ったとはいえません。

リスクを極力減らすため、会社としてやるべき作業は取引を開始する前にあります。まず、取引の相手先がどのような会社なのかを調査します。その会社の規模・支払能力・過去の経営成績などを分析して「どの程度の取引までなら大丈夫か」とう与信限度を設け、無謀な取引を回避します。この一連の流れを「信用管理」といいます。

> **与信限度**
> 取引において、上限となる金額のこと。

■ 社内チェック体制の整備

信用管理には、社内のチェック体制づくりが大切です。まずは、社内に、独立した信用管理を担当する部門を新たに設けます。調査部・総務部・経理部など、新部門の所属は問いませんが、営業部とは独立し、牽制し合うような存在であるのが望ましいといえます。なぜなら、営業部は必然的に業績重視の方針を取り、多少の問題は目をつぶってでも取引を続行させる傾向があるためです。これでは、チェック体制が機能しません。

部門を設けた後に与信限度の設定を行います。具体的には、取引先の状況を把握するため、決算書など財務内容を判断できる情報を定期的に入手します。調査部などの独自の調査機関を設けて情報収集することが難しい場合は、コストはかかりますが、調査会社を利用するという方法もあります。

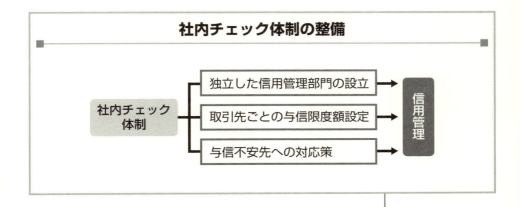

　そして、情報を得た後で内容を分析し、取引先ごとに限度額を設定します。限度額を設定した後に、常時限度額をオーバーしていないかをチェックします。

　そして最後に、与信不安先の対応策をとります。赤字決算・債務超過など判断材料はさまざまですが、これらの与信不安先をふるいにかけるための社内のルールを設けることが必要です。

　なお、チェック体制を機能させるためには、調査した取引先の内容に不安な兆候があると判断した場合に、社内全体で情報の共有ができるようにしておくことが非常に重要です。常に取引先と接触している営業部門などは、状況を判断する上で早期に多くの情報が得ることが可能なはずです。そして、与信不安先と判断した場合は、限度額を下げるか回収期限を短縮するなどできるだけ会社のリスクが小さくなるようにします。担保を設定しておくことなども１つの手段です。さらに、実際に取引先が倒産したような場合の回収対応策も準備しておきましょう。

　健全な会社との取引を増やしていくことで、運転資金が潤い、会社の財政状態もよくなります。信用管理を徹底させることは地道な作業ではありますが、会社の発展のための第一歩だといえます。

> **限度額**
> 取引先から受ける売掛金・受取手形など売上債権の残高の上限のこと。

PART8 3 法人税との関係

債権回収をめぐる日常の経理事務

企業会計上の利益を調整した所得に法人税が課される

企業会計と法人税算出のための税務会計

企業に関係する会計には、企業会計と法人税算出のための税務会計がある。企業会計は、会社の実際の姿をできる限り正確に表わすことを目的としているのに対し、法人税算出のための会計は、公平な課税を誰もが納得できる形で算出するのが目的である。そのため、両者のルールは異なる。

■ 法人税とは

法人税とは、株式会社などの法人が、事業年度（通常は1年間）中に稼いだ利益（所得）に対して課税される国税です。

法人税が課せられる課税所得は、損益計算書に記載されている当期利益に一定の調整（税務調整）を加えて、法人税の申告書の別表四という表を使って課税所得の金額を計算することになります。

■ 益金・損金とは

法人税算定にあたり重要な概念となるのが益金と損金です。益金とは法人税計算上の課税所得の対象となる収入のこと、損金とは法人税の課税所得の計算上対象となる費用のことです。

法人税法では、益金の額について、ⓐ資産の販売による収益の額、ⓑ有償または無償による資産の譲渡による収益の額、ⓒ有償または無償による役務の提供による収益の額、ⓓ無償による資産の譲受けによる収益の額、ⓔその他の取引で資本等取引以外のものによる収益の額と規定しています。

また、損金の額については、ⓐその事業年度の売上原価、完成工事原価等の原価の額、ⓑその事業年度の販売費、一般管理費その他の費用の額（償却費以外の費用でその事業年度終了の日までに債務の確定しないものを除く）、ⓒその事業年度の損失の額で資本等取引以外の取引に係るもの、と規定しています。

原則としてそれぞれの事業年度ごとに、「益金の額」から「損金の額」を控除した金額に法人税が課されます。

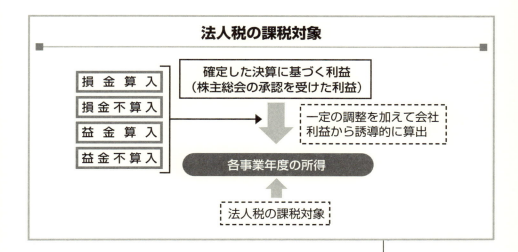

■ 税務調整の方法

企業会計上の利益から法人税法上の所得を導き出す申告調整には、次の4種類があります。

① 益金算入

企業会計上は収益として計上されないが、法人税法上は益金として計上することをいいます。

② 益金不算入

企業会計上は収益として計上されるが、法人税法上は益金として計上しないことをいいます。

③ 損金算入

企業会計上は費用として計上されないが、法人税法上は損金として計上することをいいます。

④ 損金不算入

企業会計上は費用として計上されるが、法人税法上は損金として計上しないことをいいます。

つまり、企業会計上の「利益」に、企業会計上の「収益・費用」と法人税法上の「益金・損金」の範囲の違うところを「申告調整」によってプラス・マイナスして、法人税法上の「所

販売費
会社が商品や製品などを販売するために支出した費用のこと。

一般管理費
事業運営のために必要な管理を行うための費用。たとえば事務所の家賃や役員報酬および管理部門の社員の給料、交通費、水道光熱費、減価償却費など、会社経営全般に関係するような支出は、一般管理費に該当する。

得」を算出するわけです。結果として、以下のようになります。

> 法人税法上の所得＝企業会計上の利益＋益金算入額、損金不算入額－益金不算入額、損金算入額

■ 債権回収と法人税（益金・損金）の関係

　得意先が倒産して回収できなくなった債権は、会計上は貸倒損失として計上します。また、経営不振により全額回収が危ぶまれる債権については、貸倒引当金を設定し、将来の事故に備えます。では、税務上はどのような処理を行うのでしょうか。

　まず貸倒損失ですが、回収不能となった債権の損金計上は、法人税法上も認められています。ただし回収できるかどうかの判断が会社によって異なりますと、課税に不公平が生じてしまいます。そこで、損金算入を行うためには一定の客観的な基準が設けられています。この基準を超えて計上した貸倒損失については、損金算入が認められず、課税されるということです。貸倒損失を計上するための基準とは、ⓐ法的に債権が消滅する場合、ⓑ債権の全額が回収不能の状態である場合、ⓒ売掛債権について形式上の貸倒れに該当する場合、と大きく分けて3つのパターンがあります。

　次に、貸倒引当金についてですが、近年においては原則認められていません。ただし、中小企業と特定の業種に限り、一定の基準を設けて損金算入が認められています。貸倒引当金を損金計上する場合、まず債権を個別評価金銭債権と一括評価金銭債権とに区分します。

　個別評価金銭債権の場合、法的な長期棚上げ、実質基準、形式基準と、いくつか定められた基準にあてはめて損金算入可能な限度額まで計上することができます。一括評価金銭債権は、通常の売掛金や貸付金などの債権残高に対して、一定の計算方

中小企業と特定の業種
248ページ参照。

実質基準と形式基準
250ページ参照。

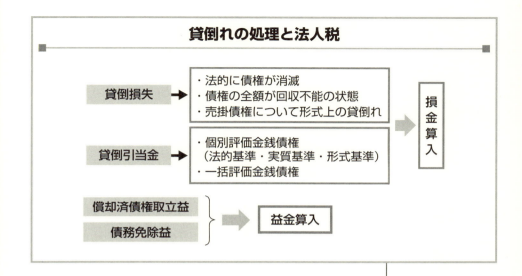

法により、損金算入可能な限度額まで計上することができます。

　貸倒れ損失に計上した債権について、後に弁済を受ける場合もあります。会計では弁済を受けた金額を「償却債権取立益」という収入科目で計上します。法人税法上も同様で、弁済を受けた金額をそのまま益金計上します。償却債権取立益を計上しているのであれば、税務調整は不要ということになります。

　会社を清算するなど任意整理した場合、債務免除といって、債権者から借金を棒引きにしてもらうことがあります。債務免除された金額は、「債務免除益」として決算書では特別利益に計上します。この場合、法人税法上も課税対象となります。会社の事業収益がないからと言って、安直に債務免除をしてもらうと、多額の税金を支払わなければならないことになってしまいますので注意が必要です。もっとも、債務免除をしてもらうと必ずその分だけ法人税を払わなければならないかと言うとそうではなく、一定の控除も認められています。税理士などの専門家に相談してみるとよいでしょう。

PART8 4 取引先の倒産などで回収できなくなった場合の経理処理①

債権回収をめぐる日常の経理事務

貸倒損失の成立要件について知っておく

■ 貸倒損失と会計処理

貸倒損失とは、取引先の財政状態の悪化や倒産などにより、未回収の売掛金や貸付金などの金銭債権が回収できず、そのまま会社の損失になることで、焦げ付きともいいます。

貸借対照表上では、金銭債権は資産計上されています。貸倒が発生した場合、その金銭債権は不良債権として残ってしまうため、このままでは会社の正しい財政状態を表しているとはいえません。

そこで、貸倒れが発生した時に、次の仕訳で費用・損失の科目に振り替えます。

> （借方）貸倒損失／（貸方）売掛金・貸付金などの金銭債権

上記の処理を行うことで、貸倒損失分の会社の資産および儲けが減少します。

なお、貸倒損失としての処理後、同じ決算期内で回収ができた場合は、回収分の貸倒損失を減らすための仕訳が必要です。

また、期をまたいで貸倒損失としての費用が回収できた場合は、すでに決算が終了している過去の費用計上した貸倒損失を減らすことができません。この場合は、「償却債権取立益」という収益の科目を利用して、その年度の収入として取り扱うことになります。たとえば、前の期に発生した貸倒れの一部を現金で回収した場合の仕訳は、借方が「現金」、貸方が「償却債権取立益」です。

焦げ付き
貸倒損失を被るのが金銭債権者側なのに対し、焦げ付きは金銭債務者が債務の支払不能に陥ることをいう。

財政状態
会社が保有する資産や、資産を調達するための負債の状況のこと。

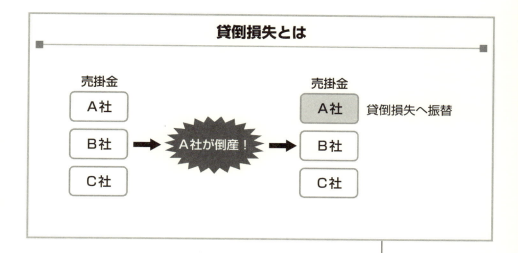

■ どんな場合に認められているのか

　債権が回収できなくなったかどうか、つまり「貸倒れが発生したか」については、当事者にしか判断できない一面があります。

　経費や損失が増えると会社の儲けは減り、その儲けに対して課される法人税が減少します。「負担する税金をできるだけ少なくしよう」と節税策を考える場合には経費や損失を多めに算入する方法をとることが予想されます。

　具体例を挙げると、ある会社は、節税対策として1か月入金の遅れた売掛金を貸倒損失として処理したとします。その一方で、別の会社は、実際に倒産してしまった会社の売掛金のみを貸倒損失として処理したとします。

　このように、貸倒損失の処理に関して会社の意図を介入させる余地がある場合、税金の負担額にも不公平が生じてしまいます。また、債権が回収不能かどうかを判断することは非常に困難であるため、会社側にその判断を委ねてしまうと、損益計算書の信頼性が薄れてしまいます。

　そのため、貸倒損失には、成立するための要件が設定されています。要件の具体的な内容については、次項で記述します。

PART8 5 取引先の倒産などで回収できなくなった場合の経理処理②

債権回収をめぐる日常の経理事務

貸倒損失として認められる3つの要件がある

■ 貸倒損失処理が認められる場合

貸倒損失には、その事実をより公平性が高く客観的なものとするため、成立するための要件が設定されています。

次の①〜③のいずれかの事実があった場合は、貸倒損失として処理することが認められています。

① 法的に金銭債権が消滅する場合
② 全額が回収不能の場合
③ 売掛債権について一定の事実が生じた場合

■ 法的に金銭債権が消滅する場合

法的に金銭債権が消滅する場合とは、次に法令等に基づく事実により債権が切り捨て、または免除された場合のことです。

・会社更生法等による更生計画または民事再生法による再生計画の認可の決定があった場合
・会社法による特別清算に係る協定の認可の決定があった場合
・破産法による破産手続終結の決定があった場合
・債権者集会や金融機関等のあっせんによる当事者間の協議決定により債権放棄した場合
・債務者の債務超過の状態が相当期間継続し、弁済困難が認められる場合

この要件に該当した場合は、最終的な回収不能金額を貸倒損失として処理します。

また、貸倒損失として処理をしない場合でも、税金の計算上は当期の儲けから差し引いて計算します。

> **法的に金銭債権が消滅する場合**
> 当期利益150万円で、これ以外に①の貸倒損失50万円が存在した場合、150万円−50万円＝100万円が、法人税が課税される課税所得（税法上の利益）となる。

貸倒損失の計上が認められる3つの場合

1. **法律上の貸倒れ**
   ・・・ 法律上債権が消滅 し回収不能となった場合
2. **事実上の貸倒れ**
   ・・・ 債権者の資産状態などから見て 全額が回収不能 と認められる場合
3. **形式上の貸倒れ**
   ・・・ 売掛債権 について取引停止など一定の事実が生じた場合

→ 回収の努力もしない安易な貸倒損失計上は、税務署から贈与（寄付）として扱われるリスクがある

■ 全額が回収不能の場合（事実上の貸倒れ）

　法的な事実はないものの、売上先やお金を貸した相手など、債務者の財産状態、支払能力から回収ができないことが明らかな場合は、その回収できない金額を貸倒損失として処理します。たとえば債務者が死亡・行方不明・被災などによって支払いができなくなったような場合です。ただし担保物がある場合はこれを処分し、その代金をまず控除した残金が、計上できる貸倒損失となります。

> **担保物**
> 抵当権などで担保されている不動産や取引の際に預かった保証金などのこと。

■ 売掛債権についての貸倒れ（形式上の貸倒れ）

　売上先に対する売掛債権については、次の2つのケースで、貸倒損失の処理が認められています。
　まず、かつては継続して取引していたが、取引がなくなり1年以上経過している取引先に対する場合です。この場合、売掛債権から備忘価額1円を帳簿上残して貸倒損失を計上します。
　次は、遠方の取引先で、その債権の額に比べ旅費などの取立費用が上回り、その上で督促に対する支払いがない場合です。この場合も、備忘価額1円を残して貸倒損失を計上します。

> **備忘価額**
> その資産が残っていることを忘れないための名目的な価額のこと。

なお、同一地域に複数の取引先がある場合、それらの合計の債権金額と取立費用で判断します。たとえば、A県に事務所を置く甲社には、B県にC社、D社という得意先があります。売掛金の督促をしたものの、いずれの取引先からも支払がありません。B県への交通費は1,000円、C社への売掛金は500円、D社への売掛金は800円で、取立て費用は交通費のみとします。

この場合、通常ではC社・D社の売掛金は取立費用1,000円よりも安価なため、いずれの売掛金でも貸倒損失を計上できます。しかし、常識的に考えると時間と経費を使ってC社に出向いたのであれば、ついでにD社にも訪問するものです。

そこで、このような同一地域における債権については合算で判断します。この場合は、C社・D社の売掛金500円＋800円＝1,300円で取立費用1,000円を上回るため、貸倒損失は計上できません。

■ 貸倒損失を認定してもらうための対策と対処法

貸倒損失の認定を受けるには、その事実の客観性を保つことが必要です。法的に金銭債権が消滅する場合、弁済困難であることが認められる際には、債権放棄を通知する書面を内容証明郵便で送付することで証明し、念のため控えも保管します。相手が行方不明の場合でも、所在不明で戻ってきた封書をとっておきます。

全額が回収不能の場合や売掛債権の貸倒れの場合は、経理処理がなければ認定されないため、決算処理時に金銭債権の処理もれがないかをチェックします。また、取引停止から１年以上経過した売掛債権の貸倒れについては、継続取引があったことが前提であるため、不動産取引のようなたまたま行った取引による債権については営業活動上の売上債権であったとしても適用されません。また、担保物がある場合も取引が全く停止しているとはいえないので、適用されません。

売掛債権についての貸倒れ

未回収の売掛金が1,000円ある場合は、借方が貸倒損失999円、貸方が売掛金999円となり、帳簿および貸借対照表上では売掛金１円が備忘価額として残る。

内容証明郵便

28ページ参照。

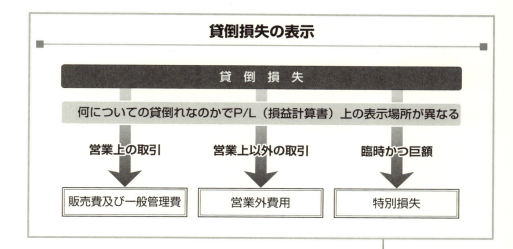

　いずれの場合においても、「いつ貸倒損失を計上するのか」ということが重要です。法律による決定日や全額回収できないことが明らかになった日、最後に契約・商品の受渡し・入金等の取引があった日から１年以上経過した日など、根拠のある日付で計上します。

　なお、貸倒損失の事実が認められない場合は、税務上ではその取引先に対して免除した債権金額相当の寄付をしたとみなされ、法人税がかかる場合があります。そのため、貸倒損失が成立する要件であるかについての注意が必要です。

■ 損益計算書にはどのように表示されるのか

　貸倒損失の損益計算書上の表示場所は、販売費及び一般管理費・営業外費用・特別損失のいずれかになりますが、その貸倒損失の性質により異なります。売掛金など営業上の取引先に対する貸倒損失は「販売費及び一般管理費」に、貸付金など通常の営業以外の取引で生じた貸倒損失は「営業外費用」に、損益計算書に大きく影響を与えるような、臨時かつ巨額な貸倒損失は「特別損失」に、それぞれ表示します。

貸倒引当金①

PART8 6 債権回収をめぐる日常の経理事務

取引先の状況を把握してリスクに備える

■ 会計上と法人税法上で取扱いが異なる

会社を経営する場合は、さまざまなリスクが発生することが想定されます。将来において、突然発生するかもしれない費用や損失を見積り計算し、あらかじめ準備するためのお金のことを「引当金」といいます。引当金の計上は、貸借対照表において次の仕訳で行います。

> （借方）○○引当金繰入／（貸方）○○引当金

取引先が倒産したことで発生する「貸倒れ」も、想定されるリスクのひとつです。会社が保有する売掛金や貸付金などの金銭債権内に、将来回収できない可能性がある債権が含まれている場合には、貸倒れに備えて引当金を計上します。この引当金のことを「貸倒引当金」といいます。会計上では、「取立不能のおそれがある」場合に貸倒引当金を計上します。具体的には、債権を①一般債権、②貸倒懸念債権、③破産更生債権の３つに区分し、その区分ごとに貸倒見込額を計算します。

一方、法人税法上では、金銭債権を「個別評価金銭債権」と「一括評価金銭債権」の２つに区分し、その区分ごとに計算します。個別評価金銭債権とは、とくにリスクの高い金銭債権のことを、一括評価金銭債権とは、個別評価金銭債権を除いたその他の債権のことをいいます。会計上の債権区分の判断や見込額の計算はやや複雑であるため、明らかに金額がかけ離れている場合を除き、税法上の計算方法をとることができます。

貸倒引当金計上における債権の区分

①一般債権（経営状態に重大な問題が生じていない債務者への債権）、②貸倒懸念債権（経営破たんの状態には至っていないが債務の弁済に重大な問題が生じているまたはその可能性の高い債務者への債権）、③破産更生債権（経営破綻または実質的に経営破たんに陥っている債務者への債権）に区分される。

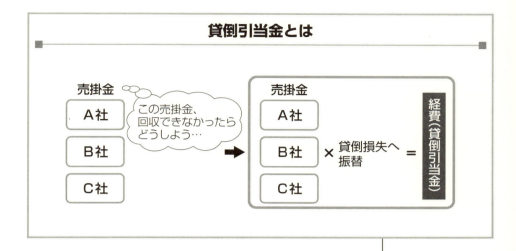

ただし、大企業の場合、金融機関など一部の業種を除き、法人税法上では損金計上が認められていません。

■ 貸倒損失とはどう違うのか

貸倒引当金が「予測段階」で計上する引当金であることに対し、貸倒損失は、客観的に損失の事実が存在する場合に計上します。たとえば、ある取引先が会社更生法の適用により、当社に対する売掛金100万円のうち半分を切り捨て、残り半分は10年間の分割払いとする決定があったとします。切り捨てが決定された50万円については、回収できないことが明らかなので「貸倒損失」扱いになります。一方、残りの50万円については、支払いを受ける決定がされたものの、会社更生法が適用されたことで、もはや健全な取引先とはいえません。

そこで、回収不能を予測して設定するのが「貸倒引当金」です。まだ予測の段階なので、順調に支払いを受けた場合は、毎期その設定金額を見直す必要があります。貸倒引当金を計上することで、債権が回収できず貸倒損失が発生する事態が生じた時に、損失の発生を防ぐことができます。

> **一般的な貸倒引当金の計算方法**
> 貸倒引当金は、会社自身が将来に被るかもしれないリスクに対する見積であるため、会社独自で予測を立てて計上するものである。しかし、実務上は、法人税法上の考え方に基づいて計上するのが一般的である。

> **会社更生法**
> 経営を続けることが困難となった会社について、事業の更生を目的として行われる更生手続きが定められた法律のこと。

■ 税法上認められる処理なのか

　法人税法における会社の損益の計算とは、税金を適正に計算するためのものです。そのため、費用として算入できるのは原則として支払いが確定しているものと定められており、将来の予測による引当金の計上は認められていません。ただし、次の①～③に該当する一定の法人等の場合に限り、貸倒引当金の繰入額を損金算入することが特別に認められています。

① 中小法人等

　中小法人等とは、資本金等の額が1億円以下である普通法人のうち、資本金等5億円以上の大法人等に完全支配されていないものの他、公益法人等、協同組合等、人格のない社団等のことです。

② 金融機関

　金融機関とは、銀行や保険会社などのことです。

③ 一定の金銭債権を有する法人等

　一定の金銭債権を有する法人等とは、リース会社、債権回収会社、質屋、クレジット会社、消費者金融、信用保証会社などのことです。

　なお、会計においては「財政に不利な影響を及ぼす可能性がある場合はこれに備えるべきである」という考え方で行うものとされているため、将来の損失を予想した積極的な引当金の計上が認められています。

　また、上記①～③の一定の法人等に該当しない場合には、法人税法上では損金算入が認められません。そのため、決算書上では貸倒引当金を計上し、法人税の申告書において損金不算入の調整計算を行う方法をとります。なお、損金不算入となった金額については、法人税が課税されます。

■ 再確認することが重要である

　引当金を設定した債権は、その後は放置されてしまうことが

> **損金算入**
> 法人税法において、必要な経費扱いとして損金に含めることが認められているもののこと。

会計上の貸倒引当金と税法上の貸倒引当金の違い

会計上の貸倒引当金　貸倒の危険性に応じて3つの段階に債権を分類　段階別に会計処理

貸倒れの危険性　高い

- **一般債権**：債務者の経営状態に重大な問題なし
- **貸倒懸念債権**：債務者は債務の弁済に重大な問題が生じている可能性あり
- **破産更正債権**：債務者は経営破綻の状態

法人税法上の貸倒引当金　民事再生法をはじめとする法律上の観点などから債権の貸倒れ危険性を分類（債権の貸倒危険性を複数の視点から分類）

- **個別評価金銭債権**
  - 法的な長期棚上げ
    会社更生法等の法律の決定に基づくもの
  - 実質基準
    債務超過の状態が継続している等
  - 形式基準
    手形交換所の取引停止等
- **一括評価金銭債権**：個別評価金銭債権以外の債権

多々あります。引当金設定後も債権を取り巻く状況が変化することがあるため、こまめに見直すことが必要です。これらの引当金については、たとえば「事実上の貸倒れ」による貸倒損失に該当するものはないか、もしくは、回復の見込みが出てきて取り崩すべきものはないかなどの現状を再確認し、将来の税負担に備え早めに対策を立てることが非常に重要です。たとえば、貸倒引当金の計上後1年が経過し、そのままの状態で残った場合は、再度見積を行い、差額が生じた場合は追加計上をします。

貸倒引当金②

個別評価金銭債権や一括評価金銭債権がある

個別評価金銭債権と一括評価金銭債権
債権を個別評価金銭債権と一括評価金銭債権に区分するのは、法人税法上の考え方である。

長期棚上げ
債務の弁済期限が長期にわたり延長されているもの。

特別清算
解散して清算中の株式会社が、債務超過の疑いがある場合などに利用できる清算型の手続きのこと。

■ 個別評価金銭債権とは

　個別評価金銭債権とは、まだ貸倒れなどの事実はないものの債務者の経営状態が悪化していることから、全額回収が難しいと判断されるような金銭債権です。貸倒引当金の設定対象となる個別評価金銭債権は、以下のいずれかの要件を満たす金銭債権です。

① 法的な長期棚上げ
② 実質基準
③ 形式基準

■ 法的な長期棚上げ

　法的な長期棚上げとは、以下の事由などにより、債務の弁済期限が長期にわたって延長されており、分割弁済とされているものです。

・会社更生法等による更生計画認可の決定
・民事再生法による再生計画認可の決定
・会社法による特別清算に係る協定の認可決定

　なお、これらの事由によって、債務者から回収できない事となった債権については、「貸倒損失」として処理します。

■ 実質基準

　実質基準とは、以下の事由から、その金銭債権の一部について回収の見込みがないものです。

・債務超過の状態が相当期間（おおむね1年以上）継続し、事

貸倒引当金繰入の適用対象とは

法人の規模		貸倒引当金繰入の適用
法人（資本金1億円以下）		すべての金銭債権で○
① 法人(資本金1億円超) ② 大法人(資本金5億円以上)の100％子会社である中小法人	銀行・保険会社	すべての金銭債権で○
	一定事業に係る金銭債権を保有する法人	一定の金銭債権で○
	その他	適用なし ×

業が好転する見込みがないとき
- 災害等により多大な被害が生じたとき
- 担保がある場合で、担保物の処分に時間がかかるとき
- 債務者の財政悪化等の理由により、貸付金等の未収利子で、督促にもかかわらず2年以上入金がないとき

■ 形式基準

形式基準とは、以下の事由が生じているものです。
- 会社更生法等による更生手続開始の申立て
- 民事再生法による再生手続開始の申立て
- 破産法による破産手続開始の申立て
- 会社法による特別清算開始の申立て
- 手形交換所による取引停止処分
- 外国政府等に対する金銭債権で、その経済的価値が著しく減少し、回収が困難であるもの

なお、会社更生法等の法令等に基づくものについては、手続開始の申立て段階の金銭債権です。

■ 個別評価金銭債権の計算方法

　個別評価金銭債権の貸倒引当金として計上できる繰入限度額の計算方法は、前述した①の法的な長期棚上げの場合は、決算から5年経過後に支払いを受ける予定の金額です。

　また、②の実質基準の場合は、取立ての見込みがない部分の額（処分できる担保がある場合は処分後）です。

　さらに、③の形式基準の場合は、（債権金額－「取立等見込額」）×50％のように、要件によって異なります。

　なお、税法上では貸倒引当金の計上は原則廃止とされていますが、例外として引当金の計上が認められる法人のうち、リース会社など「一定の金銭債権を有する法人等」については、貸倒引当金の対象となる債権がリース資産の対価部分など一定の金銭債権に限られます。

■ 一括評価金銭債権とは

　一括評価金銭債権とは、売掛金、貸付金、未収入金など金銭を受け取ることを目的とする債権で、個別評価金銭債権以外のものをいいます。

　一括評価金銭債権の対象となる金銭債権は、売掛金・貸付金・受取手形・割引手形・裏書手形・未収入金・先日付小切手・他人のために立替え払いをした立替金や仮払金・保証債務を履行した場合の求償権などが挙げられます。

　一方、金銭で回収しないものや、将来費用となるもの、利子の元本が貸倒引当金の対象とならないものについては、その性質上、一括評価金銭債権の対象にはなりません。具体的には、預貯金や公社債の未収利子・未収配当金・預け金・保証金・前渡し金・前払い給料・仕入割戻しの未収金などが挙げられます。

　なお、一括評価金銭債権は、年度末に保有するすべての一括評価金銭債権の合計残高に対し、貸倒引当金の繰入限度額を計算して設定します。

取立等見込額
会社が保有する債務者への買掛金・借入金などの債務額や、抵当権などで担保されている金額、金融機関等により保証されている部分の金額などのこと。ただし、保証人による保証は含まれない。

未収入金
資産やサービス提供の代金・貸付金の未収利子・未収の損害賠償金など。

業種別法定繰入率

業　種	法定繰入率
卸売業・小売業	10／1000
製造業	8／1000
金融業・保険業	3／1000
割賦販売小売業	13／1000
その他（建設業・サービス）	6／1000

　そして、個別評価金銭債権と同様に、繰入限度額以下の金額を「貸倒引当金繰入額」として費用計上します。

■ 一括評価金銭債権の計算方法

　一括評価金銭債権の貸倒引当金の計算方法には、貸倒実績率法による算出方法と、法定繰入率を用いた算出方法があります。
　貸倒実績率法とは、次のような計算方法をいいます。
① 過去3年間に実際に発生した貸倒損失の金額に基づき、貸倒実績率を算定する
② 当期の債権残高に「貸倒実績率」を乗じ、対象債権を一括して計算する
　一定の金銭債権を有する法人等において、一括評価金銭債権となる債権は、リース資産の対価など一定の金銭債権に限られます。この場合は、上記のような貸倒実績率による方法を用いて計算を行います。
　一方、中小法人等と金融機関の場合は、業種別に定めた「法定繰入率」を適用して求めます。なお、業種別の具体的な法定繰入率は、上図のとおりです。

貸倒実績
貸倒れの実績金額の占める割合のこと。

索　引

あ

明渡し断行	201
一括評価金銭債権	252
違約金	42
売掛金	14、230
益金	236
乙区	61

か

解散	232
回収計画	16
解除	36、41
解放金	204
確定日付	101
貸金業法	46
貸倒損失	240、242、244、247
貸倒引当金	246
仮差押	182
仮執行宣言	134
仮処分	184
仮登記担保	98
仮の地位を定める仮処分	185
危険情報	56
期限の利益喪失約款	69
期限の利益の喪失	161
基本契約書	32
給料の差押え	171
強制執行	142
銀行取引停止処分	210
金銭借用証書	45
金銭消費貸借契約	44
係争物に関する仮処分	184
契約書	36
建設機械の仮差押	197
公正証書	67、68
小切手	232
小切手訴訟	128、130
個別評価金銭債権	250、252

さ

サービサー	54
債権	10
債権差押え	168
債権者	10
債権者集会	212、217、236
債権者説明会	235
債権者代位権	110
債権譲渡	100
催告状	26
財産開示手続き	150
催促状	26
債務残高確認書	26
債務者	10
債務不履行	36
債務名義	142、146
債務免除	104
詐害行為	222
詐害行為取消権	104
先取特権	96
差押禁止債権	170
時効	32
時効の中断	32
執行証書	67
執行文	146、148
自動車の仮差押	196
支払計画書	34
支払督促	132、136
準消費貸借	70
少額債権執行	178
少額訴訟	118、122
商業登記	58
譲渡担保	96
商品の引揚げ	208
消滅時効	32
処分禁止の仮処分	184
信用管理	234
信用調査	50
信用調査機関	50、53

請求書	26
請求の原因	114
請求の趣旨	113
清算	232
相殺	102
相殺契約	103
相殺権	222
相殺予約	42
送達証明	147
総量規制	46
訴状	112、124
訴訟手続き	110
損益計算書	64
損害賠償	36、42
損金	236
損金算入	238

················ た ················

貸借対照表	62
代物弁済	99
代理受領	106
担保	82
担保権の実行	158、208
遅延損害金	44
注文請書	38
注文書	38
抵当権	88
手形	232
手形貸付	73
手形訴訟	128、130
手形のジャンプ	76
手形の割引	232
電子内容証明郵便	31
転付命令	172、177
動産仮差押	196
倒産制度	210
動産の強制執行	162
答弁書	114、115、126
特定調停	139
取立方法	48

取戻権	218

················ な ················

内容証明郵便	27、28
任意整理	212
任意売却	164
根抵当権	90
念書	34

················ は ················

配達証明	28
配当要求	174
破産	214
否認権	222
不動産仮差押	192
不動産競売	154、158
不動産執行	152
不動産登記	60
振込指定	106
不渡り	78、232
別除権	218
法人税	236
保証	86
補助簿	232
保全手続き	180
保全命令	186、188

················ ま ················

回り手形	74
未収金	73
民事再生	224
民事調停	138

················ や ················

融通手形	74
与信管理規程	24
与信限度額	25

················ ら ················

履行遅滞	36

【監修者紹介】
奈良　恒則（なら　つねのり）
中央大学卒業。平成11年弁護士登録。平成18年東京自由が丘にKAI法律事務所創設。KAI法律事務所所長。

KAI法律事務所
〒152－0035　東京都目黒区自由が丘１－７－15
ベルテ・フォンタン３F　（東急線自由が丘駅南口徒歩１分）

図解で早わかり
債権回収の法律と実務

2016年１月10日　第１刷発行

監修者		奈良恒則
発行者		前田俊秀
発行所		株式会社三修社
		〒150-0001　東京都渋谷区神宮前2-2-22
		TEL　03-3405-4511　FAX　03-3405-4522
		振替　00190-9-72758
		http://www.sanshusha.co.jp
		編集担当　北村英治
印刷・製本		萩原印刷株式会社

©2016 T. Nara Printed in Japan
ISBN978-4-384-04665-6 C2032

®〈日本複製権センター委託出版物〉
本書を無断で複写複製（コピー）することは、著作権法上の例外を除き、禁じられています。本書をコピーされる場合は事前に日本複製権センター（JRRC）の許諾を受けてください。
JRRC（http://www.jrrc.or.jp　e-mail：info@jrrc.or.jp　電話：03-3401-2382）